Sexualwissenschaftliche Schriften

Der Lehr- und Forschungsschwerpunkt Angewandte Sexualwissenschaft am Fachbereich Soziale Arbeit. Medien. Kultur ist im deutschsprachigen Raum einzigartig. Auf Grund seines Charakters an der Nahtstelle zwischen Theorie und Praxis entstehen hier innovative Arbeiten insbesondere im Bereich der sexuellen Bildung. In der Reihe Sexualwissenschaftliche Schriften werden sehr gute Qualifikationsarbeiten publiziert. Sie sollen Forschungsprojekte bereichern und Anregungen für die Praxis liefern.

Anja Kruber, Heinz-Jürgen Voß

Unabhängige Monitoring-Studie zur Umsetzung der Istanbul-Konvention im Hilfesystem für von Gewalt betroffene Frauen und Mädchen im Land Sachsen-Anhalt

Gemäß den Kriterien des Vergabeverfahrens „Monitoring-Studie im Sinne der Istanbul-Konvention, Art. 11 IK, in Sachsen-Anhalt / Bedarfsanalyse" des Ministeriums für Justiz und Gleichstellung des Landes Sachsen-Anhalt.

Merseburg, Februar 2022

Impressum

Kruber, Anja; Voß, Heinz-Jürgen (2022): Unabhängige Monitoring-Studie zur Umsetzung der Istanbul-Konvention im Hilfesystem für von Gewalt betroffene Frauen und Mädchen im Land Sachsen-Anhalt. Merseburg: Hochschule Merseburg. Redaktion: Dipl. Soz., M.A. Anja Kruber

Anschrift der Herausgeber*innen:
Prof. Dr. Heinz-Jürgen Voß
Fachbereich Soziale Arbeit. Medien. Kultur
Institut für Angewandte Sexualwissenschaft
Hochschule Merseburg
Eberhard-Leibnitz-Str. 2
06217 Merseburg
heinz-juergen.voss@hs-merseburg.de

Mitarbeiter*innen der Studie:
M.A. Anja Kruber (Konzeption, Forschungsdesign- und -organisation, Auswertung)
Prof. Dr. Heinz-Jürgen Voß (Gesamtleitung)

Hochschulverlag
www.hs-merseburg.de/bibliothek/hochschulverlag

ISBN: 978-3-948058-38-8

Gestaltung:
André Luttermann

Titelbild:
www.pixabay.com

Gedruckt auf säurefreiem Papier

Herstellung und Auslieferung:
Open Publishing GmbH
openpublishing.com

Abkürzungsverzeichnis

AGG	Allgemeines Gleichbehandlungsgesetz
AufenthG	Aufenthaltsgesetz
BIK	Bündnis Istanbul-Konvention
DIMR	Deutsches Institut für Meschenrechte
djb	Deutscher Juristinnenbund
EW	Einwohner*innen
GDP	Gewerkschaft der Polizei
GewSchG	Gewaltschutzgesetz
GREVIO	Group of Experts on Action against Violence against Women and Domestic Violence
GVG	Gerichtsverfassungsgesetz
IK	Istanbul-Konvention
JGG	Jugendgerichtsgesetz
KJP	Kinder- und Jugendpsychotherapeut*innen
LAG IST	Landesarbeitsgemeinschaft Interventionsstellen
LFR	Landesfrauenrat
LIKO	Landesintervention und -koordination bei häuslicher Gewalt und Stalking
LSBTI*	Lesben, Schwule, Bisexuelle, Trans*, Inter*
MJ LSA	Ministerium für Justiz und Gleichstellung Land Sachsen-Anhalt
NGO	Non-Governmental Organization / Nichtregierungsorganisation
PP	Psychologische Psychotherapeut*innen
SGB	Sozialgesetzbuch
UN-BRK	Vereinte Nationen Behindertenrechtskonvention
ZIF	Zentrale Informationsstelle Autonomer Frauenhäuser

Inhalt

Einleitung

Hintergrund des Monitorings

Die Istanbul-Konvention[1] – Übereinkommen des Europarates zur Verhütung und Bekämpfung von Gewalt gegen Frauen und häuslicher Gewalt – verpflichtet die Bundesrepublik Deutschland, den Rechtsanspruch von betroffenen Mädchen und Frauen auf niedrigschwellige, spezialisierte und barrierefreie Unterstützung umzusetzen (Art. 22–26 IK). Die Bereitstellungsstrukturen müssen finanziell abgesichert sein (Art. 8 IK). Zudem verpflichtet die Istanbul-Konvention die unterzeichnenden Länder dazu, die Ursachen geschlechtsspezifischer Gewalt zu beheben (Art. 13-16 IK).

In Deutschland werden die Unterstützung und der Schutz der Betroffenen in Form eines spezialisierten, ausdifferenzierten Hilfesystems gewährleistet. Für die Bereitstellung des Hilfesystems und die Umsetzung entsprechender Maßnahmen sind in Deutschland insbesondere die Bundesländer und die Kommunen verantwortlich, sodass landesspezifische Analysen erforderlich sind, um den Umsetzungsstand der Istanbul-Konvention zu prüfen.

Um die landesspezifischen Monitoring-Anstrengungen zu unterstützen und neben dem allgemeinen Fokus auf Frauen und Mädchen auch besonders marginalisierte Gruppen – explizit Frauen und Mädchen mit Beeinträchtigungen / Behinderungen sowie geflüchtete und migrierte Frauen und Mädchen – in den Blick zu nehmen, hat sich der Lehr- und Forschungsbereich Angewandte Sexualwissenschaft der Hochschule Merseburg zu dieser unabhängigen Studie entschlossen. In der Studie wird der IST-Stand reflektiert und mit dem von der Istanbul-Konvention formulierten SOLL verglichen. Handlungsorientierte Ableitungen / Empfehlungen werden getroffen

---

1   Die Istanbul-Konvention ist ein Abkommen des Europarats zur Verhütung und Bekämpfung von Gewalt gegen Frauen und häuslicher Gewalt. Sie wurde 2011 in Istanbul verabschiedet. Deutschland hat das Übereinkommen am 12. Oktober 2017 ratifiziert und zum 1. Januar 2018 eingeschränkt in geltendes Recht überführt.

Prävalenz geschlechtsspezifischer Gewalt

Gewalt gegen Frauen und Mädchen ist in Europa und auch in Deutschland verbreitet: Die europaweite Studie der Agentur für Grundrechte der Europäischen Union (2014) berichtet für Deutschland, dass hier jede dritte Frau seit ihrem 15. Lebensjahr physische und/oder sexualisierte Gewalt erfahren hat. Eine von fünf Frauen war Stalking-Opfer und jede zweite wurde sexuell belästigt (vgl. ebd.) Diese hohen Zahlen von Betroffenheit werden durch weitere Dunkelfeld-Untersuchungen bestätigt, zuletzt durch die Studie *PARTNER 5 Erwachsene* (n = 3.466), die 2020 bis 2021 im Auftrag des Ministeriums für Inneres und Sport Sachsen-Anhalt durch den Lehr- und Forschungsbereich der Hochschule Merseburg durchgeführt wurde (vgl. Kruber et al. 2021). Neben Perspektiven etwa auf das Anzeigeverhalten, eröffnet *PARTNER 5 Erwachsene* einen detaillierten Blick auf aktuelle Betroffenheiten, für die sich im Übrigen keine bedeutsamen Unterschiede zwischen Ost- und Westdeutschland mehr feststellen lassen. Auch für Sachsen-Anhalt sind die Ergebnisse von *PARTNER 5 Erwachsene* belastbare – auch hier ergeben sich keine nennenswerten Unterschiede zur Gesamtstichprobe. Konkret heißt es in der Untersuchung *PARTNER 5 Erwachsene*:

- **„Sexuelle Belästigung:** Fast alle Frauen und Menschen mit nonbinärer Geschlechtsidentität (97% bzw. 95%) haben schon Formen sexueller Belästigung erlebt resp. sich belästigt gefühlt, unter den Männern sind es gut die Hälfte (55%). Verbale und visuelle Formen (z.B. anzügliche Bemerkungen oder Blicke) sind ebenso häufig wie körperliche Übergriffe. Die jüngeren Befragten haben Belästigungen häufiger erlebt als die älteren, was auf die historisch angewachsene Sensibilität gegenüber sexuellen Grenzverletzungen zurückzuführen ist, die in den jüngeren Generationen stärker ausgeprägt ist.
- **Partnerschaftsgewalt:** [...] Die Hälfte aller Frauen und diverser Personen und ein Viertel der Männer haben [...] (überwiegend in Vorbeziehungen) bereits Formen partnerschaftlicher Gewalt (verbal, körperlich, sexuell) erlebt. Frauen sind von allen Formen häufiger betroffen. Opfer sexueller Gewalt in Partnerschaften sind zu 85% weiblich. Ein

historischer Vergleich unter ostdeutschen Frauen belegt einen Anstieg sexueller Partnergewalt von 4% 1990 auf 29% 2020. Während
Männer in Partnerschaften häufiger sexuellen Zwang ausüben, schla-
gen Frauen häufiger zu und üben auch verbal mehr Gewalt aus.
- **Vergewaltigung:** 42% der befragten Frauen haben bereits einen Ver-
gewaltigungsversuch erlebt, 28% eine Vergewaltigung. 1990 gaben
17% der Frauen eine erlebte Vergewaltigung an. Die historische Zu-
nahme ist auf ein Anwachsen von Beziehungstaten zurückzuführen."
(vgl. Kruber et al. 2021)

Während das „Dunkelfeld" die Gesamtheit erlebter (sexualisierter) Gewalt
bezeichnet und erfasst, wird nur ein Teil davon polizeilich bekannt. Die
polizeilich bekannt gewordenen Delikte werden als „Hellfeld" bezeichnet.
Nur etwa 5 bis 8 % der Straftaten gegen die sexuelle Selbstbestimmung
werden polizeilich zur Anzeige gebracht (vgl. Kruber et al. 2021; Seifarth
& Ludwig 2016). Die bundesweite Polizeiliche Kriminalstatistik (PKS) weist
für das Jahr 2020 insgesamt 81.630 Straftaten gegen die sexuelle Selbstbestimmung aus (2019: 69.881), für Sachsen-Anhalt 2.224 entsprechende
Straftaten im Jahr 2020 (2019: 2.022) (PKS 2021). Von den Straftaten gegen die sexuelle Selbstbestimmung sind überwiegend Frauen und Mädchen betroffen. 141.792 Personen, auch hier weitgehend Frauen, wurden
im Jahr 2019 Opfer von Partnerschaftsgewalt (Bundeskriminalamt 2020);
auch hier ist die Tendenz über die Jahre steigend. 301 Frauen (im Vergleich: 93 Männer) wurden im Kontext von Partnerschaftsgewalt Opfer
von versuchtem oder vollendetem Mord- und Totschlag; nahezu jeden
dritten Tag kam eine Frau zu Tode (117 Frauen, im Vergleich: 32 Männer)
(ebd.). Bislang werden in der PKS den Taten zugrunde liegende frauen-
feindliche und sexistische Motive nicht erfasst (DJB 2020) – hier liegt eine
größere Lücke für ein Monitoring vor.

PARTNER 5 Erwachsene weist auf einen weiteren bedeutsamen Aspekt
hin, der mit Blick sowohl auf das Hell- als auch das Dunkelfeld bedeutsam
ist: Die Wahrnehmung als Übergriff, und damit auch die Möglichkeit, Gewalt in der Studie als solche zu benennen, wird maßgeblich davon beein-
flusst, ob der*die Täter*in dem Opfer bekannt ist. Taten durch Unbekann-

te werden zu 70% sofort als solche wahrgenommen, die durch Bekannte lediglich zu 41% (Kruber et al. 2021).

Auswirkungen der Corona-Pandemie

Mit Blick auf die Corona-Pandemie ergibt sich eine Verschlechterung der Situation für Frauen und Kinder, die von sexualisierter und/oder häuslicher Gewalt betroffen sind, bzw. eine Zuspitzung des Risikos Opfer von Gewalttäter*innen zu werden. Der Deutsche Juristinnenbund bezeichnet Gewalt gegen Frauen als „Schatten-Pandemie" (DJB 2021). Für Familien und Paare, die durch Kontaktbeschränkungen, Ausgangssperren und Quarantäne mehr Zeit auf begrenztem Raum miteinander verbringen müssen, ergibt sich eine angespannte Lage, die unter bestimmten Risikofaktoren (etwa finanzielle Sorgen und Konflikte) zu vermehrter Aggression führen können. Die Risikofaktoren wiederum verschärfen sich im Zuge der Pandemie durch Arbeitsplatzverlust, Geschäftsbankrott oder Ängste und Unsicherheit im Umgang mit der Pandemie. *PARTNER 5 Erwachsene* liefert auch hier evidente aktuelle Ergebnisse: Die seelische Verfassung hat sich bei nahezu 40 % der Befragten unter den Maßnahmen zur Eindämmung der Pandemie verschlechtert bzw. sehr verschlechtert. Jede siebte Person in Beziehung gibt an, dass sich ihre partnerschaftliche Situation verschlechtert bzw. sehr verschlechtert hat (14 %). Für die berufliche Sicherheit und die finanzielle Situation gab jeweils ein Viertel der Befragten eine Verschlechterung an, wobei hier eine intersektionale Betrachtung noch drastischere Effekte zeigt. So sind mit 34 % Frauen mit niedriger Bildung besonders hart von den Auswirkungen der Corona-Pandemie betroffen. (Vgl. Kruber et al. 2021.) Zusätzlich zeigt eine aktuelle Untersuchung der Aufarbeitungskommission, dass Betroffene von sexualisierter Gewalt von den Pandemie-Folgen und -Maßnahmen besonders beeinträchtigt sind (Aufarbeitungskommission 2021).
Die quantitativ messbaren Zuspitzungen in der Corona-Pandemie verdeutlichen die Dringlichkeit des Zugangs zu Schutz und Hilfe für gewaltbetroffene Frauen und deren Kinder.

1. *Vorgehensweise und Struktur des Monitorings*

Geprüfte Artikel der Istanbul-Konvention

Im Rahmen des Monitorings wurden die Bedingungen im Bundesland Sachsen-Anhalt entlang ausgewählter Artikel der Istanbul-Konvention geprüft. Im Fokus waren politische Maßnahmen, Prävention, Schutz und Unterstützung sowie Recht – wie folgt:

Politische Maßnahmen

- Inwieweit sind die vom Land Sachsen-Anhalt bereitgestellten finanziellen und personellen Ressourcen angemessen und bedarfsgerecht, um geschlechtsspezifische Gewalt zu verhindern bzw. Betroffene wirksam zu unterstützen? (Art. 8 IK)
- In welchem Maß wird das Engagement zivilgesellschaftlicher Institutionen und NGOs gegen Gewalt an Frauen und Mädchen gefördert und inwieweit gibt es eine effektive Zusammenarbeit mit staatlichen Organen? (Art. 9 IK)
- Inwieweit sind Politik und Maßnahmen zur Verhütung und Bekämpfung von (häuslicher) Gewalt an Frauen und Mädchen koordiniert und ressortübergreifend aufeinander abgestimmt? (Art. 7, 10 IK)

Prävention

- Inwieweit wird Geschlechtergerechtigkeit gezielt gefördert, werden Mädchen, Frauen und besonders gefährdete Gruppen gestärkt? In welchem Maß wird Täter*innenarbeit zur Verhinderung künftiger Gewalt geleistet? Inwieweit wird das Bewusstsein für Gewaltformen, Risiken und Auswirkungen von häuslicher und sexualisierter Gewalt durch Informationskampagnen und Programme in der Bevölkerung geschaffen? (Art 12,13 IK)
- Inwieweit werden Fachkräfte in Berufsgruppen, die mit Betroffenen oder Tätern sexualisierter und häuslicher Gewalt gegen Frauen und Mädchen zu tun haben, in Aus- und Fortbildungsmaßnahmen zu geschlechtsspezifischer Gewalt geschult? (Art. 15 IK)

Schutz und Unterstützung

- Inwieweit sind für Gewaltbetroffene oder von Gewalt gefährdete Gruppen Informationen, wo sie Hilfe bekommen können, vorhanden und wie zugänglich sind sie? Gibt es Materialien in Erstsprachen und Leichter Sprache? (Art. 19 IK)
- Inwieweit sind Gesundheits- und Sozialdienste, (Telefon-)Beratung, Schutzunterkünfte (Frauenschutzhäuser, Zufluchtswohnungen), Beratung sowie medizinische und gerichtsmedizinische Untersuchungen für Betroffene sexualisierter und häuslicher Gewalt und deren Kinder zugänglich und in ausreichender Zahl und Verteilung in Sachsen-Anhalt vorhanden? (Art. 20, 22-25 IK)
- Inwieweit stehen Schutz- und Unterstützung für Kinder, die Partnerschaftsgewalt im Wohnumfeld miterleben müssen, zur Verfügung? (Art. 26 IK)

Recht

- Inwieweit wird geschlechtsspezifische und häusliche Gewalt bei allen Entscheidungen über Sorge- und Besuchsrecht berücksichtigt? Sind Schutz und Sicherheit der Mütter und Kinder gewährleistet? (Art. 31 IK)
- Inwieweit ist es Gewaltbetroffenen, die sich entschließen, eine von Gewalt geprägte Ehe oder Partnerschaft zu verlassen, möglich, einen vom Partner unabhängigen Aufenthaltstitel zu bekommen? (Art. 59)

Der Prüfung zugrunde gelegte Dokumente

Zur Prüfung des Hilfe- und Unterstützungssystems in Sachsen-Anhalt wurden die folgenden zentralen Dokumente herangezogen:
- GREVIO-Staatenbericht (GREVIO 2020)
- Zweiter interministerieller Opferschutzbericht der Landesregierung Sachsen-Anhalt (MJ LSA 2021)
- Bericht der Initiativgruppe „Parallelbericht Ziffer 36"
- Stellungnahme des Landesfrauenrates zum Fachgespräch des Ausschusses für Recht, Verfassung und Gleichstellung des Landes Sach-

sen-Anhalt zum Landtagsbeschluss „Umsetzung der Istanbul Konvention" (Drs. 7/3094)
* Alternativbericht des Bündnis Istanbul-Konvention (BIK)
* Analyse der Istanbul-Konvention des Deutsches Institut für Menschenrechte
* Stellungnahme des Deutschen Juristinnenbundes
* Positionspapier des Dachverbands der Migrantinnenorganisationen (DaMigra)

Zusätzlich wurden die relevanten Websites des Landes Sachsen-Anhalt hinsichtlich bestehender Angebote gesichtet. Relevant für die Studie war, ein möglichst breites Bild sowohl der staatlichen als auch der zivilgesellschaftlichen Akteur*innen zu erheben.

Durchgeführte Interviews mit relevanten Akteur*innen

Um die Situation im Bundesland Sachsen-Anhalt umfassend einschätzen zu können, wurden, über die Sichtung der Dokumente hinaus, insgesamt zehn qualitative Interviews mit Expert*innen und Multiplikator*innen aus Institutionen des Hilfesystems geführt. Die Interviews bilden die relevanten Akteur*innen im Bundesland ab: opferunterstützende Fachberatungsstellen, Frauenschutzhäuser, Interventionsstellen, Frauennotrufe, Traumaambulanzen / Gewaltschutzambulanzen, Organisationen, die Angebote für Täter machen, zuständige Ämter (Landesverwaltungsamt etc.). Konkret sind sie wie folgt bezeichnet:

Interviewnummer	Beschreibung des Ressorts der befragten Institution
1	Gleichstellung
2	Flucht und Asyl
3	Gleichstellung / Inklusion
4	Häusliche Gewalt
5	Flucht und Asyl

6	Migrantische Integration
7	Inklusion
8	Sexualisierte Gewalt / Trauma
9	Sexualisierte Gewalt
10	Flucht und Gewalt

Die Interviews wurden anonymisiert. Um eine möglichst gute Anonymisierung zu erreichen und weil das Feld der Beteiligten vergleichsweise klein ist, wird im Bericht auf die Aussagen der Interviews i. d. R. inhaltlich verwiesen, anstatt aus den Interviews ausführlich zu zitieren. Die Ergebnisse aus der inhaltlichen Analyse der Interviews gehen im Folgenden kontinuierlich in die Darstellung der Untersuchung ein.

Im Anschluss an die auf den Dokumenten, Websites und Interviews basierenden Analyse werden Handlungsempfehlungen zur Bedarfsplanung und Weiterentwicklung des Unterstützungs- und Hilfesystems für von Gewalt betroffene Frauen und deren Kinder in Sachsen-Anhalt formuliert.

2. Allgemeine Bestandaufnahme zum Hilfe- und Unterstützungssystem und Beurteilung der Bedarfsgerechtigkeit

Im Folgenden wird die Struktur des Hilfe- und Unterstützungssystem für Frauen und Mädchen, die von (sexualisierter) Gewalt betroffen sind, dargestellt und eine erste Einschätzung zur allgemeinen Bedarfsgerechtigkeit der Angebote getroffen, bevor im *Kapitel 3* eine zielgruppenspezifische Analyse für besonders schutzbedürftige, marginalisierte Gruppen erfolgt.

2.1 Selbstdarstellung Sachsen-Anhalts im GREVIO-Bericht

Der *GREVIO Staatenbericht der Bundesrepublik Deutschland* (GREVIO 2020), der einen bundesweiten Überblick über eine Situation des Gewaltschutzes jeweils aus Sicht der staatlichen Akteur*innen gibt, liefert auch relevante (Selbst-)Darstellungen für Sachsen-Anhalt.

Als vorhandene Hilfedienste werden vom zuständigen *Ministerium für Justiz und Gleichstellung des Landes Sachsen-Anhalt (MJ LSA)* benannt:

- Anzahl der Frauenhäuser: 19
- Schutzwohnungen: 0
- Plätze für betroffene Frauen (und Kinder) in Frauenhäusern & Schutzwohnungen: 121
- Schutzeinrichtung für gewaltbetroffene geflüchtete Frauen: 1
- Spezialisierte Beratungsstellen, allgemein: 0
- Beratungsstellen häusliche Gewalt: 9
- Beratungsstellen sexualisierte Gewalt / Frauennotrufe: 4
- Beratungsstellen für Frauen und Mädchen mit Behinderung: 1
- Beratungsstelle familiäre Gewalt / Gewalt im Namen der Ehre / FGM / Zwangsverheiratung: 1
- Interventionsstellen: 4

Neben Verweisen auf das *Landesprogramm Geschlechtergerechtes Sachsen-Anhalt* und dem *Aktionsprogramm für die Akzeptanz von LSBTTI-Men-*

schen in Sachsen-Anhalt werden die Aktivitäten vom MJ LSA wie folgt benannt:

„Seit 1991 hat Sachsen-Anhalt systematisch ein landesweites Netz an Frauenhäusern und Opferunterstützungseinrichtungen aufgebaut und entwickelt dieses Netz mit einem ständig steigenden Etat weiter. Unterstützung wird den Opfern in Sachsen-Anhalt in einer Vielzahl an Einrichtungen gewährt. Gegenwärtig bieten insgesamt 19 Frauenhäuser und deren neun ambulante Beratungsstellen (mindestens ein Frauenhaus in jedem Landkreis und jeder kreisfreien Stadt), vier Interventionsstellen bei häuslicher Gewalt und Stalking, vier Beratungsstellen für Opfer sexualisierter Gewalt und sieben Frauenzentren Beratung und Unterstützung für von Gewalt betroffene Mädchen und Frauen an. Dazu gehören regionale zielgruppenspezifische Aufklärungs-, Fort- und Weiterbildungsmaßnahmen sowie Beratungs- und Präventionsangebote. Darüber hinaus existiert eine *Landesinterventions- und koordinierungsstelle bei häuslicher Gewalt und Stalking (LIKO)*. In zwei Opferschutzambulanzen des Universitätsklinikums besteht die Möglichkeit der vertraulichen Spurensicherung nach Sexualdelikten. Ergänzt wird dieses Beratungssystem durch das „Mobile Team zur psychologischen Betreuung von Frauen und Kindern in Frauenhäusern", die Fachstelle gegen Frauenhandel und Zwangsverheiratung VERA und die Fachberatungsstelle für Jungen und Männer Pro Mann. Dabei zeichnet das Beratungs- und Schutzangebot in Sachsen-Anhalt besonders aus, dass es nicht nur die Frauen in den Fokus nimmt, sondern – neben einer Entlastung der Mütter – Kindern altersspezifische Möglichkeiten der Aufarbeitung von Gewalterfahrungen ermöglicht werden. Sachsen-Anhalt unterstützt die Zuwendungsempfänger des Bundesförderprogrammes ‚Gemeinsam gegen Gewalt an Frauen' bei der Aufbringung der Eigenmittel im Bedarfsfall. Es sind jeweils 50.000 EUR für die Jahre 2020 und 2021 und eine Verpflichtungsermächtigung über jeweils 50.000 EUR in den Jahresscheiben 2021, 2022 und 2023 eingestellt." (GREVIO 2020: Anhang S. 49f.)

Im Weiteren wird auf die große Bedeutung der *Landesintervention und -koordination bei häuslicher Gewalt und Stalking (LIKO)* verwiesen, die 2018 72.300 EUR und 2019 99.500 EUR erhalten habe, und angeführt, dass bislang kein kontinuierliches Monitoring existiere und weiterer Erhebungsbedarf bestehe (ebd.: Anhang S. 51). Gefördert von den verschiedenen Ministerien des Landes würden Fort- und Weiterbildungen stattfinden und, über die Präventionsarbeit der Projekte *Pro Mann* und *„Kein Täter werden"*, zudem in die Täter*innenarbeit investiert (ebd.: Anhang S. 134-138). In Bezug auf die Präventions- und Öffentlichkeitsarbeit im Bereich „Gewalt gegen Frauen" wird überdies in besonderem Maß auf die gute Arbeit der Frauenzentren und des *Landesfrauenrates Sachsen-Anhalt e. V.* hingewiesen (ebd.).

2.2 Struktur des Hilfe- und Unterstützungssystems in Sachsen-Anhalt

Das Land Sachsen-Anhalt verfügt über differenzierte Angebote von Frauenschutzhäusern, Fachberatungs- und Interventionsstellen, die Beratung, Schutz und anderweitige Unterstützung für Betroffene von häuslicher und sexualisierter Gewalt, Frauenhandel, Zwangsverheiratung, ehrbezogener Gewalt und Stalking sowie Täter*innenarbeit anbieten. Eine adäquate Übersicht ist online über die ministerielle *Leitstelle für Frauen- und Gleichstellungspolitik* (Leitstelle o. J. a) und die *Landesintervention und -koordination bei häuslicher Gewalt und Stalking* (LIKO o. J.) gegeben.

Frauenschutzhäuser

In Sachsen-Anhalt existieren 19 Frauenschutzhäuser, die insgesamt 121 Wohnplätze vorhalten. Der Europarat legt einen Schlüssel von 1 Platz auf 7.500 Einwohner*innen (EW) als angemessen zugrunde (vgl. Council of Europe 2008, S.95). In Sachsen-Anhalt existiert bislang 1 Platz pro 18.100 EW. Damit wird der Richtwert des Europarates nicht erreicht, zugleich liegt die Zahl deutlich unter dem Bundesdurchschnitt (1 Platz / 12.000 EW). Im Vergleich zur Empfehlung des Europarates fehlen in Sachsen-Anhalt 171 Plätze. Gemessen an der bisherigen Zahl der Plätze in Frauenhäusern müssten zusätzlich 27 Frauenschutzhäuser im Bundesland vorgehalten werden. Um zumindest den bundesweiten Durchschnitt zu erreichen, müssten neben den bestehenden 121 Plätzen 73 zusätzliche

Plätze geschaffen werden. Der Verein Frauenhauskoordinierung bekräftigt aktuell die Zielsetzung des Europarates, gerade vor dem Hintergrund des steigenden Bedarfs an Schutz und Hilfe im Zuge der Corona-Pandemie (Frauenhauskoordinierung 2020).

Die Kosten für einen Platz im Frauenschutzhaus stellen in Deutschland allgemein – aber auch in Sachsen-Anhalt – ein bedeutsames Hemmnis für Frauen dar, das Schutz- und Hilfesystem adäquat in Anspruch nehmen zu können. Von der jeweiligen Kommune wird ein Platz im Frauenschutzhaus nur dann finanziert, wenn die Betroffene Leistungen nach SGB II oder SGB XII (Kinder nach SGB VIII) erhält. Wer keine Leistungen bekommt, aber dennoch in prekären Verhältnissen lebt – zum Beispiel: Studierende, Frauen aus anderen EU-Ländern sowie Frauen, die vom Einkommen des Partners abhängig sind – kann von den Kosten für Miete und Verpflegung im Frauenschutzhaus überfordert sein, gerade wenn anderweitige Kosten weiterlaufen. Die Bundesregierung stellt zwar bundesgesetzliche Lösungen „für ein einheitliches Vorgehen, zum Beispiel in Form einer Kostenübernahme für die Unterbringung im Frauenhaus" in Aussicht (GREVIO 2020, S. 3), allerdings ist bislang keine Lösung umgesetzt und wären landesspezifisch vorübergehende Regelungen möglich.

Für Frauen, die gemeinsame Kinder mit gewalttätigen Männern haben, kommt ökonomisch belastend hinzu, dass sie für die Kosten des begleiteten Umgangs der Väter mit ihren Kindern selbst aufkommen müssen, sofern das Jugendamt dies nicht explizit vorgibt. Soll nach Artikel 31 der Istanbul-Konvention bei allen Entscheidungen über das Sorgerecht und das Besuchsrecht geschlechtsspezifische und häusliche Gewalt berücksichtigt werden, so tragen deutsche und dabei auch sachsen-anhaltinische Jugendämter und Familiengerichte dem bislang zu wenig Rechnung. Bislang verpflichten sich Jugendämter noch zu wenig im Sinne der Istanbul-Konvention und teilen, etwa im Fall einer geänderten Zuständigkeit des Familiengerichts, dem gewalttätigen (Ex-)Partner sogar den Wohnort der Kinder respektive der Mütter mit, sofern der Vater das Recht auf Umgang oder Sorge einfordert (vgl. weiterführend: Nothhafft 2009; Salgo 2013). Das Bündnis Istanbul-Konvention hält entsprechend fest: „Regelungen zum Umgang- und Sorgerecht stellen das größte Gefährdungsrisiko für hochgefährdete Frauen dar, die mit dem Gefährder gemeinsame Kinder haben." (BIK 2021, S. 159)

Ein weiteres Hindernis ergibt sich für bedrohte Frauen, wenn für sie aus Schutzgründen die Aufnahme in ein Frauenschutzhaus einer anderen Kommune erforderlich wird. Aufgrund der unterschiedlichen Finanzierungs- bzw. Kostenerstattungsregelungen und knapper Kapazitäten in den einzelnen Kommunen wird teilweise ortsfremden Betroffenen der Schutz versagt oder die Frauenschutzhäuser nehmen diese Frauen bis zur Klärung der Finanzierung zunächst auf eigenes Risiko auf (vgl. Frauenhauskoordinierung 2014, S.7). So kann es passieren, dass eine hochschwangere Frau, die bereits ein Kleinkind zu versorgen hat und im Frauenschutzhaus Magdeburg lebt – da sie im direkten Wohnumfeld ihres Landkreises dem Aggressor ausgesetzt wäre – nicht finanziert und ggf. nicht krankenversichert ist (vgl. Interview 1). Solche Verhältnisse sind nach Artikel 51 der Istanbul-Konvention rechtswidrig. Sie sieht vor, dass eine Gefährdungsanalyse durchgeführt und die notwendigen Maßnahmen in Hochrisikofällen bereitgestellt werden.

Der Deutsche Juristinnenbund (vgl. DJB 2020, S.16) weist darüber hinaus auf die angespannte Lage auf dem Wohnungsmarkt hin, wodurch die Abhängigkeitsstrukturen zwischen Gewaltbetroffenen und Gewaltausübenden verschärft und die Verweildauer in Frauenschutzhäusern erhöht würden – mit dem Resultat einer weiteren Verknappung des Angebots an Plätzen in Frauenschutzhäusern. Ein Beispiel: Im Frauenschutzhaus Magdeburg lebt eine Mutter mit vier Kindern seit über einem Jahr (Stand 11/2020) und findet keine Wohnung, weil das Jobcenter die Mietkosten nicht tragen möchte (vgl. Interview 1). Entsprechend wäre es bedeutsam, dass das Hilfe- und Unterstützungssystem über den engeren Kreis der Beteiligten hinaus, weitere Institutionen – wie das Jobcenter – umfasst; darüber hinaus „die kommunale Wohnungswirtschaft, spezialisierte Beratungsstellen, Gesundheitsdienste und soziale Dienste" (vgl. DJB 2020, S. 16). Über die Vernetzung würden Interventionsketten effektiver (vgl. ebd.).

Weitere Zugangshürden zum Hilfesystem ergeben sich für Minderjährige, Migrantinnen ohne Aufenthaltstitel und für behinderte Frauen. Auf sie wird im *Kapitel 3* eingegangen.

Fachberatungsstellen
Fachberatungsstellen für Betroffene sexualisierter Gewalt: Wildwasser und Miß-Mut

In Sachsen-Anhalt gibt es, so legen es das zuständige Ministerium (vgl. GREVIO 2020) und die zivilgesellschaftlichen Akteur*innen einheitlich dar,[2] vier Fachberatungsstellen für Betroffene sexualisierter Gewalt und ihre Bezugspersonen. Sie bieten Unterstützung und Begleitung bei der Bewältigung des Erlebten, indem sie sowohl Krisenintervention als auch Hilfe zur Selbsthilfe anbieten. Sie vermitteln Therapieplätze und Selbsthilfegruppen sowie weitere geeignete Maßnahmen.

Die vier Fachberatungsstellen für Betroffene sexualisierter Gewalt verfügen über einen geringen Personalschlüssel von in der Regel einer bis drei (Teilzeit-)Beschäftigten; lediglich über selbst eingeworbene Forschungs- und Praxisprojekte kann der Personalbestand höher sein – er steht dann aber „eigentlich" auch nicht für das Beratungs- und Präventionsgeschäft, sondern für die zusätzlich beantragten Projektaufgaben zur Verfügung. Die geringe Zahl der Fachberatungsstellen bei einem zudem geringen Personalbestand bedingt, dass das Land Sachsen-Anhalt in Bezug auf die Ausstattung mit Fachberatung bundesweit den letzten Platz einnimmt – siehe die folgende Darstellung von Kavemann et al. (2016):

---

2   Dieser Hinweis ist relevant, da das zuständige Ministerium für Justiz und Gleichstellung des Landes Sachsen-Anhalt in Aushandlungen im Bundesland selbst regelmäßig die Opferberatung der Gerichtshilfe und die Familienberatungsstellen mit in die Zählung aufnimmt, was nach IK unzulässig ist, da sie andere Expertise und Beratungsschwerpunkte haben.

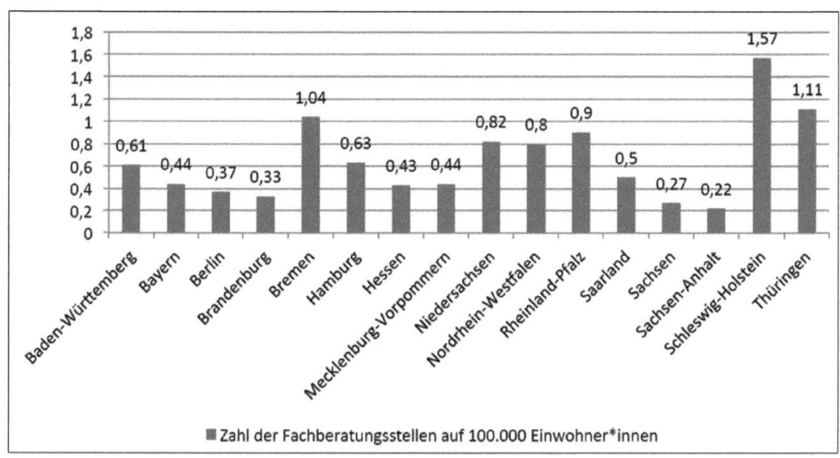

Mit 0,22 Fachberatungsstellen für Betroffene von sexualisierter Gewalt auf 100.000 Einwohner*innen ist die Ausstattung in Sachsen-Anhalt vergleichsweise gering. (Seit der Studie von Kavemann et al. (2016) hat sich die Zahl der Fachberatungsstellen in Sachsen-Anhalt nicht erhöht.) Strukturähnliche Bundesländer wie Thüringen und Schleswig-Holstein bzw. selbst Mecklenburg-Vorpommern und Hessen sind pro 100.000 EW deutlich besser mit Fachberatungsstellen ausgestattet.

Die Fachberatungsstellen für Betroffene von sexualisierter Gewalt erfüllen komplexe Aufgaben: Zentral ist die Beratung. Hinzu kommen Weiterbildung, Prävention, Öffentlichkeitsarbeit, Gremien- und Netzwerkarbeit; die Begleitung von Einrichtungen bei der Erarbeitung institutioneller Schutzkonzepte gewinnt aktuell immer mehr an Bedeutung. Durch die vielfältigen vom Land Sachsen-Anhalt angestoßenen Aktivitäten zur Aufdeckung und Prävention von sexualisierter Gewalt steigt der Beratungsbedarf kontinuierlich an. Zum Beispiel ist allein der Beratungsbedarf – also ohne Prävention etc. – bei Wildwasser Halle e.V. von 1.665 beratenen Personen im Jahr 2019 auf 2.243 beratene Personen im Jahr 2020 angewachsen. Diese Entwicklung hält bereits seit einigen Jahren an und zeigt sich auch in anderen Bundesländern (vgl. Kavemann et al. 2016). Derzeit überbrücken die Beratungsstellen auch die sehr langen Wartezeiten ihrer Klient*innen auf einen psychotherapeutischen Therapieplatz, wobei sich allerdings häufig ein stationärer Aufenthalt in einer Psychiatrie aufgrund des hohen Leidensdrucks und des Mangels an (trauma-)therapeutischer und speziell auf sexualisierte Gewalt ausgerichteten Versorgung nicht vermeiden lässt (vgl. Interview 8).

Für die betroffenen Frauen sind die Wege zur nächsten spezialisierten Fachberatungsstelle oftmals weit: „So muss beispielsweise eine Frau aus Wernigerode (Landkreis Harz) die von sexualisierter Gewalt betroffen ist, einen Weg von fast 100 km zurücklegen, um spezialisierte Beratung [das ist: Wildwasser Magdeburg e.V., Anm. d. V.] in Anspruch nehmen zu können." (Ebd.) Auch im Altmarkkreis und im Burgenlandkreis ist eine Erreichbarkeit des Hilfesystems de facto nicht gegeben. Oft sind es neben den Fahrtwegen und -zeiten die Kosten, die von sexualisierter Gewalt Betroffene davon abhalten, Hilfe in Anspruch zu nehmen (vgl. Interview 1). Gerade im ländlichen Raum Sachsen-Anhalts verweben sich eine lückenhafte Versorgung und finanziell prekäre Lebenssituationen für die Betroffenen zu unüberwindlichen Hindernissen. Es werden zwar auch Hausbesuche angeboten, um Betroffene in ländlichen Bereichen zu erreichen. Sie binden aber, aufgrund langer Fahrzeiten, große Kapazitäten – bei geringer Personaldecke. Oft kann dann nur eine Beratung pro Tag durchgeführt werden. (Vgl. Interview 8.)

Interventionsstellen/Beratungsstellen bei häuslicher Gewalt und Stalking
Das Land Sachsen-Anhalt hält vier Interventionsstellen vor. Diese Interventionsstellen bieten ein niedrigschwelliges, pro-aktives, zeitnahes und kurzfristiges Beratungs- und Unterstützungsangebot für erwachsene Frauen und Männer, die von häuslicher Gewalt und/oder Stalking betroffen sind. Sie bieten einerseits fachlich spezialisierte Beratung und vermitteln andererseits an spezielle Hilfedienste. Zudem sind die Interventionsstellen für die Fortbildung und Beratung von Fachkräften zuständig, die im Bereich häusliche Gewalt tätig sind (z.B. Polizist*innen).

Meist werden die Interventionsstellen im Anschluss an polizeiliche Einsätze bzw. bei Anzeigenerstattung tätig und fungieren als Mittlerinnen zwischen den polizei- und zivilrechtlichen Schutzmöglichkeiten und analysieren das Gefährdungsrisiko für Betroffene. Damit leisten sie einen bedeutenden Beitrag der Prävention von Gewaltkaskaden bis hin zu Tötungsdelikten.[3]

Im Jahr 2020 wurde der Personalbestand der Interventionsstellen leicht aufgestockt. Dennoch ist es für die Interventionsstellen oft unmöglich, zeitnahe Beratungstermine anzubieten, vor allem, wenn die Betroffenen im ländlichen Raum wohnen. Das Unterstützungsnetzwerk ist zudem im ländlichen Raum nur lose ausgebaut, das bedeutet, dass etwa krankheitsbedingte Ausfall- oder Urlaubszeiten des Personals der Interventionsstellen durch kooperierende und ergänzende Angebote nur schwer kompensiert werden können (vgl. LFR 2019, Interview 4).

Konkret zur Auslastung: Die Interventionsstelle in Halle betreut – nach der Stellenerhöhung – mit zwei Teilzeitstellen (je 50 %) derzeit (Stand 11/2020) 600 Betroffene, jährlich gehen 1.000 Meldungen bei ihr ein. In Magdeburg ist die Interventionsstelle mit einer Vollzeitstelle besetzt, betreut 700 Betroffene und kann ebenfalls nicht auf alle Meldungen adäquat eingehen (vgl. Interview 1).

Vera – Fachstelle gegen Frauenhandel und Zwangsverheiratung
Zentrale Aufgaben der Fachstelle Vera sind die psychosoziale Beratung und (Krisen-) Intervention, die Vermittlung einer sicheren Unterkunft, Beratung zu aufenthalts- und sozialrechtlichen Fragen, die Begleitung bei der Entwicklung alternativer Perspektiven und die Unterstützung beim Start in ein selbstbestimmtes Leben. Die Nachfrage nach Beratung und Unterstützung von Mädchen und Frauen, die von ehrbezogener Gewalt betroffen sind, steigt (vgl. Interview 8).

In Sachsen-Anhalt können grundsätzlich keine minderjährigen Mädchen, die von Zwangsheirat bedroht sind, untergebracht werden, denn es gibt keine adäquaten Schutzmöglichkeiten (vgl. LFR 2019). Für erwachsene Frauen ergibt sich eine ähnliche Situation. Die Unterbringung im Frauenhaus kann nicht den besonderen Anforderungen an Schutz und Anonymität gerecht werden (vgl. ebd.)

---

3   Die Polizei sendet mit Einwilligung der Betroffenen ein Fax mit den wichtigsten Daten zur Erreichbarkeit der Klienten*in an die jeweilige Interventionsstelle. Die Interventionsstelle unterbreitet so zeitnah wie möglich, ggfs. für denselben Tag, ein Beratungsangebot, in der Interventionsstelle, zu Hause oder an dritten Orten (vgl. LFR 2019).

Täterberatungsstellen Pro Mann

Tätigkeitsschwerpunkt der drei Beratungsstellen ProMann ist die Täter*innenarbeit. Damit tragen sie (tertiär)präventiv zum Opferschutz bei. Ziel ist es verhaltensverändernd auf Gewalt ausübende Männer zu wirken, um zukünftige Gewalt zu vermeiden. Männer finden Begleitung in der Auseinandersetzung mit ihren Verhaltensmustern und lernen „gewaltfrei für ihre Interessen und Bedürfnisse ein[zu]stehen" (ProMann Halle o. J.). Die Männer suchen entweder im Rahmen einer gerichtlichen Auflage oder freiwillig die Beratungsstelle auf. Es werden Einzelgespräche, Paarberatung bei häuslicher Gewalt und eine Dialoggruppe (im Entstehen) angeboten.

Die Täterberatungsstellen ProMann sind in Sachsen-Anhalt an den Standorten Magdeburg, Halle und Dessau-Roßlau vertreten. Hinzu kommt, mit Blick auf Kinder und Jugendliche, die ambulante Fachberatungsstelle AMPEL Dessau; auch pro familia Halle arbeitet mit übergriffigen Personen.

Um die niedrigschwellige Nutzung der Angebote für alle Männer mit Gewaltproblemen gewährleisten zu können, spricht sich der Landesfrauenrat für eine Ausweitung des Beratungsstellennetzes in der Fläche aus (LFR 2019). Eine Leerstelle besteht bislang in der Betreuung von Sexualstraftätern, da hier die Beratungsstellen ProMann an ihre Grenzen stoßen (vgl. LFR 2019).

Landesintervention und -koordination bei häuslicher Gewalt und Stalking (LIKO)

Die Aufgabe der LIKO, die sich in Trägerschaft des PARITÄTISCHEN Sachsen-Anhalt befindet, besteht unter anderem darin, die „vorhandenen regionalen Maßnahmen gegen häusliche Gewalt und Stalking auf ihre Wirksamkeit zu überprüfen, um sie dem Bedarf entsprechend weiterzuentwickeln und zu professionalisieren." (Leitstelle o. J. b) Damit verbunden ist die Planung und Durchführung von Fach-, Weiterbildungs- und Netzwerkveranstaltungen und die Repräsentation der Projektinteressen in bundes- und landesweiten sowie regionalen Gremien. Zur Weiterentwicklung der fachlichen Arbeit des Opferschutzes im Land Sachsen-Anhalt koordiniert die LIKO die Arbeit freier Träger im „Landesweiten Netzwerk für ein Leben ohne Gewalt". Dieses Gremium ist ein wichtiger Bestandteil in der Zusammenarbeit, für ein gemeinsames Handeln und zur Stärkung des Opferschutznetzes sowie zur Klärung spezifischer Problemlagen geworden (vgl. Interview 4).

Frauennotrufe

Es gibt in Sachsen-Anhalt mehrsprachige Flyer zu bundesweiten Krisentelefonen zu häuslicher Gewalt. Die Flyer liegen in verschiedenen Institutionen aus und sind zum Teil digital zugänglich; auch auf Websites wird auf Frauennotrufe aufmerksam gemacht. Barrierefreie Zugänge sind dabei noch kaum vorhanden. Der Zugang kann darüber hinaus erschwert sein, wenn Betroffene bspw. Sozialarbeiter*innen ansprechen müssen oder Materialien nicht unbeobachtet mitnehmen oder fotografieren können oder Institutionen, wo die Materialien ausliegen, nicht als vertrauenswürdig wahrgenommen werden (vgl. Interview 2). Die Zugänglichkeit ist besonders unter den Bedingungen der Maßnahmen gegen das Coronavirus schwierig, da die Informationen zu Hilfeangeboten nicht an öffentlichen Orten wie Cafés oder Begegnungsstätten ausgelegt werden können und nicht alle Betroffenen Zugang zu Informationen im Internet haben.

(Rechts)medizinische Notfallhilfe und Traumaambulanzen

In Sachsen-Anhalt existieren zwei Angebote der medizinischen und rechtsmedizinischen Notfallhilfe – eines in Magdeburg, ein weiteres in Halle. Hier kann eine vertrauliche Spurensicherung durchgeführt werden, die Teil der gesetzlich geregelten Behandlung bei Verdacht auf häusliche / sexualisierte Gewalt ist (vgl. SGB V; GREVIO 2020).

Durch die Konzentrierung an zwei zentralen Standorten ist die Sicherung des gesetzlichen Anspruchs gefährdet. Ein barrierearmer und zeitnaher Zugang, wie er im Art. 25 der Istanbul-Konvention gefordert wird, ist zumindest deutlich erschwert. Etwa eine betroffene Frau aus der Altmark wird mit hoher Wahrscheinlichkeit nicht innerhalb von fünf Stunden nach einem Übergriff nach Magdeburg fahren, um die Spuren der Tat sichern zu lassen. Zumal in der Bevölkerung nur wenig bekannt ist, welche Spuren vor Gericht akzeptiert werden – dass bspw. Handyfotos nicht als Beweismittel gelten. (Vgl. Interview 1.)

Betroffenen von sexualisierter Gewalt oder Körperverletzung stehen 15 Stunden therapeutische Akuthilfe in einer Traumaambulanz zu (Soziales Entschädigungsrecht).[4] In Sachsen-Anhalt bestehen zwei Traumaambulanzen an der Universitätsklinik Magdeburg, eine für Erwachsene und eine für Kinder- und Jugendliche; eine Gewaltschutzopferambulanz existiert am Universitätsklinikum Halle. Diese drei Einrichtungen bedeuten eine Versorgung von 1,37 Traumaambulanzen pro 1 Mio. Einwohner*innen. Die folgende Darstellung zeigt den Bundesländervergleich (BPtK 2020):

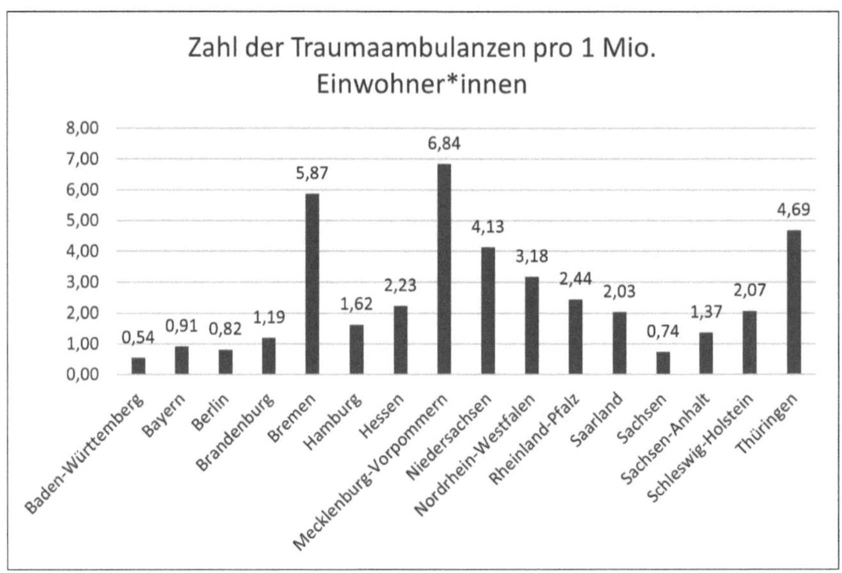

Mit den insgesamt drei Traumaambulanzen liegt Sachsen-Anhalt im Bundesländervergleich im Mittelfeld, wobei strukturähnliche Bundesländer wie Thüringen und Mecklenburg-Vorpommern mit zehn bzw. elf Traumaambulanzen eine deutlich bessere Versorgung vorhalten, auch jenseits der großen Städte. Brandenburg hat, als interessanten Weg, eine offene Ausschreibung vorgenommen, sodass sich interessierte Praxen / Kliniken

---

4   Gesetz zur Regelung des Sozialen Entschädigungsrechts vom 12. Dezember 2019, BGBl. Teil I Nr. 50, S. 2652 ff.

bewerben konnten, eine Traumaambulanz zu werden (und die entsprechenden Kriterien zu erfüllen). Die Wohnortnähe ist bedeutsam, da große Entfernungen für traumatisierte Menschen eine große Belastung darstellen können, sodass sie Angebote nicht in Anspruch nehmen. Durch die Konzentrierung der Traumaambulanzen in Sachsen-Anhalt an zwei zentralen Standorten ist die wohnortnahe Akut-Betreuung hierzulande eingeschränkt. Es gibt in Sachsen-Anhalt derzeit keine flächendeckende Versorgung mit Traumaambulanz, wie sie gesetzlich vorgeschrieben ist.

Nach den 15 Stunden Akutversorgung ist eine Weitervermittlung in eine Regeltherapie erforderlich, da sich innerhalb von 15 Stunden Erfahrungen von Gewalt und sexualisierter Gewalt nicht therapieren lassen. In Sachsen-Anhalt sind bei der zuständigen Kammer aktuell (Stand: März 2021) 748 Psychotherapeut*innen gemeldet, darunter 546 Psychologische Psychotherapeut*innen (PP), 161 Kinder- und Jugendpsychotherapeut*innen (KJP) und 8 PP/KJP. Davon waren 466 niedergelassen und 213 angestellt; hinzu kommen nicht genau bezifferbare ärztliche Psychotherapeut*innen, die etwa 20 % der Versorgung ausmachen. 2020 hat die Zahl der Psychotherapeut*innen zugenommen, da der Berechnungsschlüssel, dem in der Wendezeit ein Rechenfehler zugrunde lag, angepasst wurde: So wurden 2020 insgesamt 50 neue Sitze in Sachsen-Anhalt ausgeschrieben (alle im ländlichen Raum), die nach Information der Krankenversicherungen auch besetzt werden konnten. Von den 748 Psychotherapeut*innen haben 17 PP und 10 KPJ eine zusätzliche traumaspezifische Fortbildung (mind. 120 Unterrichtseinheiten) absolviert und zertifiziert bekommen, sind also für die Bearbeitung von Traumata besonders ausgewiesen bzw. spezialisiert.

Auch durch die Einführung der Terminservicestelle durch das Bundesministerium für Gesundheit (BMG) hat sich die Versorgung in Sachsen-Anhalt deutlich verbessert: Ratsuchende erhalten jetzt meist innerhalb von vier Wochen einen Ersttermin (BPtK 2018). Zeigt sich ein akuter Bedarf, wird der Zugang zu einem Akut-Termin, wiederum über die Terminservicestelle, möglich. Allerdings ist es nicht möglich, die*den Psychotherapeut*in nach fachlichen Kriterien (z.B. Approbation als spezialisierte Traumatherapeut*in) oder Wohnortnähe auszuwählen. Gerade bei Traumafolgestörungen kann größere Entfernung problematisch sein. Zudem ist nur ein Teil der Therapeut*innen als Traumatherapeut*innen approbiert. Eine spezialisierte Therapie ist entsprechend, trotz der Verbesserungen, weiterhin schwierig zugänglich. Traumatisierte Betroffene warten i.d.R. mehrere Monate auf einen Platz in einer Traumatherapie, wodurch sich die Auswirkungen des Erlebten chronifizieren (vgl. BIK, S. 93).

Spezifische Angebote für Frauen und Mädchen mit Behinderungen sowie Sprachmittlung für migrierte / geflüchtete Frauen und Mädchen fehlen und können nur in Ausnahmen realisiert werden. Dazu im Kapitel 3.

Frauenzentren

Im Untersuchungsgebiet gibt es sieben Frauenzentren, die sich an Mädchen und Frauen in allen Lebenslagen richten. Als Begegnungs- und Bildungsstätten halten sie geschlechtsspezifische, kulturpolitische, frauenparteiliche, feministische und generationsübergreifende Angebote sowie psychosoziale Beratung vor. Diese Angebote dienen der Prävention von Gewalt etc., der Förderung von Geschlechtergerechtigkeit und dem Empowerment von Frauen und Mädchen.

Die Ausstattung der Beratungsstellen mit finanziellen und personellen Ressourcen wird als gering wahrgenommen (vgl. Interview 1). So kann meist nur eine begrenzte Erreichbarkeit per Telefon oder E-Mail gewährleistet werden. Gewaltbetroffene müssen sich auf lange Wartezeiten einstellen, bevor sie einen Termin wahrnehmen können. Dieser Zustand ist vor allem in akuten Gewalt- und Gefährdungssituationen sehr riskant für die betroffenen Frauen (vgl. Deutscher Bundestag 2012, S. 78).

Im ausgedehnten Flächenland Sachsen-Anhalt mangelt es ebenfalls an polizeilicher Intervention und Schutz in Akutsituationen. Betroffene melden zurück, dass sie den Notruf gewählt haben und ihnen gesagt wurde, dass die Polizei nicht kommen könne, da der einzige Einsatzwagen bereits woanders unterwegs sei (vgl. Interview 1).

Zivilgesellschaftliche Organisation frauenpolitischer Akteur*innen

Für die Umsetzung der Istanbul-Konvention in Sachsen-Anhalt ist das Engagement zivilgesellschaftlicher Akteur*innen und Menschen im Ehrenamt bedeutsam. Sie nutzen die demokratischen Möglichkeiten der Partizipation (Eingaben, Petitionen, Anfragen an die Landesregierung etc.), fertigen Expertisen und Stellungsnahmen zur Umsetzung der Istanbul-Konvention an und treten miteinander als auch mit Akteur*innen der Landes- und Bundespolitik in den Dialog, um mit ihrer Erfahrung aus der Praxis Einfluss auf die Angebotsstruktur zu nehmen. Relevante Akteur*innen sind in Sachsen-Anhalt unter anderem (beispielhafte Nennung):

- Landesfrauenrat Sachsen-Anhalt e.V.
- LAG kommunale Gleichstellungsbeauftragte
- verdi Bezirksfrauenrat
- Landesbehindertenbeirat
- Landesflüchtlingsrat
- Frauenpolitische Runde Tische Halle und Magdeburg
- LAG Frauenhäuser
- LAG Mädchen* und junge Frauen* Sachsen-Anhalt
- Landesverband der Lebenshilfe für Menschen mit geistiger Behinderung S/A e.V.
- Dachverband der Migrant*innenorganisationen (DaMigra, Sitz: Halle/Saale)

2.3 Finanzielle Mittel

Die Finanzierung im Bereich Gewaltschutz und -intervention bzw. Prävention wird vom Land Sachsen-Anhalt jeweils durch befristete Mittel gefördert. Die Finanzierung muss regelmäßig (alle ein bis zwei Jahre) neu beantragt werden, was einen deutlichen zeitlichen Aufwand und kontinuierliche Unsicherheit der Planung bedeutet. Für eine Förderung müssen überdies Eigenmittel bereitgestellt werden. Sie kommen z.B. aus dem Einwerben von Spenden oder Vortragshonoraren. Nach Istanbul-Konvention soll eine solche Situation vermieden werden: Die Sicherung der Tätigkeit ist, der IK folgend, die Aufgabe der staatlichen Organe und sollte nicht die personellen und zeitlichen Ressourcen der Beratungs- und Hilfestrukturen binden.

Die Bezahlung der Fachkräfte erfolgt i.d.R. über eine niedrige tarifliche Eingruppierung (meist T-VL 10, i.d.R. festgelegt in den Zuwendungsbescheiden der Ministerien), die der Komplexität und Verantwortung der Tätigkeit der Beratungs- und Hilfestrukturen eigentlich nicht angemessen ist. Bislang stellt das Land Sachsen-Anhalt die Mittel in Form einer Festbetragsfinanzierung bereit. Das bedeutet, dass die Beratungsstellen selbst entscheiden, welche Beträge sie für Sach- und welche für Personalkosten veranschlagen. Um eine angemessene Bezahlung der Mitarbeiter*innen zu gewährleisten, ist es notwendig, diese Mittel von den Sachkosten abzuziehen und sie fehlen dann an anderer Stelle (vgl. Interview 4). Die Erfüllung der Aufgaben kann häufig nur über einen erheblichen Anteil Überstunden und die Mithilfe von ehrenamtlich Engagierten gewährleistet werden. (Vgl. LFR 2019.)

Im Landeshaushalt zeigt sich ein leichter Aufwuchs: Im Bereich Frauenförderung / Gendermainstreaming / LSBTI* wurden im Zeitraum 2019 bis 2021 veranschlagt: 2019: 3.823.000 €, 2020: 4.394.000€, 2021: 4.616.100 €. Auch die Zuwendungen für Gewaltprävention steigen in der Tendenz leicht, von 3.408.700€ im Jahr 2019 auf 3.993.600€ 2020 und 2021. Dabei zielt die größte Erhöhung (500.000€) auf die Kinder gewaltbetroffener Frauen in Frauenschutzhäusern.

Die Wildwasser-Beratungsstellen und Miß-Mut haben aktuell jeweils eine zusätzliche Stelle für Präventionsarbeit bewilligt bekommen. Damit wird eine Stellenkürzung aus früheren Jahren zurückgenommen. Auch die Interventionsstelle in Halle erhält eine personelle Aufstockung um eine Teilzeitstelle von 20 Stunden. Nun sind hier zwei Fachkräfte zu je 20 Stunden tätig. Für die Beratungsstelle Vera sollte eine Schutzwohnung für hochgefährdete Frauen eingerichtet werden. Die finanziellen Mittel reichten jedoch nicht aus, um dieses Angebot zu realisieren (vgl. Interview 1). Für die Täterberatung wurde der Etat leicht erhöht. Die Beratungsstellen von ProMann werden im Doppelhaushalt 2020/2021 mit 208.000€ gefördert, im Vergleich zu 2019 196.000€. Der Landesfrauenrat erhält 20.000€ mehr als im vorherigen Haushaltszeitraum.

2.4 Erstes Zwischenfazit

Das Land Sachsen-Anhalt verfügt über differenzierte Angebote an Frauenschutzhäusern, Fachberatungs- und Interventionsstellen, die Beratung, Schutz und anderweitige Unterstützung für Betroffene von häuslicher und sexualisierter Gewalt, Frauenhandel, Zwangsverheiratung, ehrbezogener Gewalt und Stalking sowie Täter*innenarbeit anbieten.

Es ist der politische Wille des Landtags erkennbar, dieses System fortzuentwickeln und zu stärken. Das ist etwa bei dem leichten Ausbau der personellen Ausstattung der Fachberatungs- und der Interventionsstellen, aber auch durch das Landesprogramm für ein geschlechtergerechtes Sachsen-Anhalt und den Beschluss des Landtages zur Umsetzung der Istanbul-Konvention (vgl. Landtag Sachsen-Anhalt 2019) erkennbar.

Die derzeitige Infrastruktur des Hilfesystems weist nach Analyse der Dokumente und der Einschätzung der Expert*innen und Multiplikator*innen der Fachstellen und Verbände erhebliche Defizite auf. Es besteht (1) eine deutliche Unterversorgung, die alle Bereiche des Beratungs- und Hilfesystems betrifft:

- **Frauenschutzhäuser:** Hier fehlen in großem Umfang Plätze – das Angebot müsste mehr als verdoppelt werden, um der Istanbul-Konvention zu entsprechen, es müsste wenigstens um 73 Plätze auf 194 Plätze anwachsen, um zumindest an den bundesweiten Durchschnitt heranzukommen. Auch führt die bislang unzureichende Vernetzung der institutionellen Akteur*innen dazu, dass der Aufenthalt von Frauen und ihren Kindern in Frauenschutzhäusern unnötig verlängert wird; durch weitere Maßnahmen entstehen unsichere Situationen für die Frauen und ihre Kinder.
- **Fachberatungsstellen für Betroffene von sexualisierter Gewalt:** Trotz der geringfügigen personellen Aufstockung zeigt sich hier einerseits eine quantitative Versorgungslücke: Die umfassenden Aufgaben (Beratung Betroffener, von Unterstützungspersonen und Fachkräften, Weiterbildung, Prävention, Öffentlichkeitsarbeit, Gremien- und Netzwerkarbeit), die deutlich ansteigen, können nicht abgedeckt werden. Durch den Mangel von Fachberatungsstellen zu sexualisierter Gewalt

in der Fläche haben einzelne Regionen bislang quasi keine einigermaßen flächendeckende, ortsnahe Abdeckung durch eine entsprechende Fachberatung. Zumindest sollte die Zahl der Fachberatungsstellen so gestaltet werden, dass sich in *jedem Landkreis* und in *jeder kreisfreien Stadt* (gute Erreichbarkeit mittels ÖPNV, Mittelzentrumversorgung) eine personell angemessen ausgestattete Fachberatungsstelle für Betroffene von sexualisierter Gewalt befindet. Es müssten, in Kooperation mit den bestehenden Fachberatungsstellen, entsprechend zumindest zehn Fachberatungsstellen für Betroffene von sexualisierter Gewalt neu gegründet werden. Auf diese Weise würde Sachsen-Anhalt auf einen Wert von 0,64 Fachberatungsstellen pro 100.000 EW kommen und bundesweit im Mittelfeld der Bundesländer liegen
Von (sexualisierter) Gewalt betroffene Jungen und Männer erhalten in Sachsen-Anhalt bislang kein separates Angebot. Die Einrichtung entsprechender Angebote für männliche Personen (Beratungs-, Schutz-, Präventions- und Fortbildungsangebote) würde einerseits diesen direkt nutzen, andererseits würden überholte Rollenerwartungen an Mädchen/Frauen und an Jungen/Männer auch im Bereich Betroffenheit von Gewalt und sexualisierter Gewalt reflektiert und könnten Betroffene auf diese Weise gestärkt werden, um sich Unterstützung zu holen.

- **Interventionsstellen:** Die existierenden Interventionsstellen können bereits jetzt die bestehende Nachfrage kaum bewältigen. Sowohl die Daten des Hellfeldes als auch des Dunkelfeldes weisen auf einen Anstieg der Fallzahlen hin, auch sollten Interventionsstellen nicht nur beraten können, sondern auch in die Weiterbildung, Prävention, Öffentlichkeitsarbeit, Gremien- und Netzwerkarbeit einbezogen sein. Für die über die Beratung hinausweisenden Tätigkeiten fehlen aktuell die Kapazitäten. Zudem ist auch bei den Interventionsstellen keine einem Flächenland entsprechende regionale Versorgung gewährleistet.

- **(Rechts-)medizinische Notfallhilfe, Traumaambulanzen, psychotherapeutische Versorgung:** Die Konzentrierung der (rechts-)medizinischen Notfallhilfe und der Traumaambulanzen auf zwei Standorte führen zu einer Unterversorgung der Fläche. Es gibt in Sachsen-Anhalt derzeit keine flächendeckende Versorgung mit Traumaambulanz, wie sie gesetzlich vorgeschrieben ist. Aktuell ist nicht für alle Frauen und Mädchen im Land, die von Gewalt oder sexualisierter Gewalt betroffen sind, eine rechtssichere Spurensicherung wohnortnah zugänglich, Gerichtsverfahren werden dadurch gefährdet. Die quantitative Versorgung mit Traumaambulanzen und psychotherapeutischen Angeboten ist im Bundesland Sachsen-Anhalt bislang mangelhaft – die Wartezeiten sind lang und es entsteht ein systemischer „Rückstau" in Richtung Fachberatungsstellen für Betroffene von sexualisierter Gewalt. Darüber hinaus ist das Pilotprojekt „Mobiles Team zur psychologischen Betreuung von Frauen und Kindern in Frauenhäusern" derzeit ausgelaufen und sollte die Fortführung erreicht werden.
- **Fachberatung gegen Frauenhandel und Zwangsverheiratung:** Auch hier steigen die Deliktzahlen und die Beratungsaufgaben deutlich an. Zu erörtern wäre, ob hier eine deutlich personell aufgestockte, zentralisierte Beratungsstelle den Bedarf gut abdecken kann oder ob auch hier eine dezentralere Struktur, die auch die Migrant*innen-Selbstorganisationen einbeziehen könnte und sollte, erforderlich wäre, um den Anfragen aus der Fläche gerecht werden zu können.
- **Täterberatungsstellen Pro Mann:** Die Versorgung hinsichtlich der präventiven Arbeit mit Tätern hat in den vergangenen Jahren zugenommen. Mit drei konzentrierten Beratungsstellen kann aber auch hier dem wachsenden Bedarf und der großflächigen Struktur des Bundeslandes nicht Rechnung getragen werden.

In Bezug auf die Arbeit mit übergriffigen Personen zeigt sich eine weitere Lücke: Mädchen und Frauen, die aufgrund einer Gewaltbetroffenheit selbst Formen von übergriffigem Verhalten zeigen, finden in Sachsen-Anhalt bislang kein Angebot. Diese spezifische Form der (sexualisierten) Übergriffigkeit benötigt explizit formulierte Angebote und adäquat geschultes Fachpersonal. Weder Täterberatungsstellen noch Betroffenenberatungsstellen können dieser Zielgruppe ohne weitere Ressourcen ein Angebot unterbreiten.

- **Frauennotrufe:** Die bundesweiten Frauennotrufe werden in Sachsen-Anhalt beworben. Hier ist die Zugänglichkeit für marginalisierte Gruppen fraglich *(siehe auch Kapitel 3)* und könnte im Rahmen eines Maßnahmekatalogs die Sichtbarkeit der Angebote in der Fläche – etwa an Bahnhöfen, Busbahnhöfen, in Wohnvierteln etc. – weiter gestärkt werden, um eine wohnortnahe Versorgung auch in kleinen Gemeinden sicherzustellen.
- **Vernetzung und Kooperation (LIKO), Frauenzentren, Zivilgesellschaft:** Die Vernetzung und Kooperation der Träger funktioniert über verschiedene Vernetzungsstrukturen, insbesondere die LIKO. Die Vernetzung wird von den befragten Expert*innen als sehr produktiv wahrgenommen. Allerdings muss hier ein quantitativer Mangel, der sich in allen Beratungs- und Hilfebereichen zeigt, „verwaltet" werden. Auch erweisen sich die Abstimmungs- und Entscheidungsprozesse der politischen Entscheidungsträger*innen als langwierig. Frauenzentren und Zivilgesellschaft beruhen derzeit zum Großteil auf eigenem Engagement und werden nur randständig politisch befördert.

(2) Zudem fehlt es bislang an einem unabhängigen Monitoring, dass kontinuierlich die Bedarfe im System erfasst und fortzuentwickeln hilft.

Für die Fortentwicklung des Beratungs- und Hilfesystems ist es bedeutsam, die Komplexität einer Beratung realistisch wahrzunehmen: Es geht um die Beratung der Betroffenen, der unterstützenden Angehörigen, des Umfelds, wie z. B. Schule und Mitarbeiter*innen der Freizeitangebote, die Unterstützung bei Gerichtsverfahren und Umgangsregelungen, die Sicherung der Wohnsituation und des Lebensunterhalts, die Klärung von Fragen des Aufenthaltsstatus, Sprachmittlung u.v.m. (vgl. BIK 76). Hat man diese Qualität im Blick und nimmt auch die weiteren Aufgaben wahr (Weiterbildung, Prävention, Öffentlichkeitsarbeit, Gremien- und Netzwerkarbeit), so wird nachvollziehbar, dass mit einer deutlich besseren Ausstattung auch die Qualität der Beratung und Vernetzung deutlich gesteigert werden können.

Derzeit wird die Digitalisierung der Beratungsangebote, auch „befördert" durch die Corona-Pandemie, professionalisiert und verstetigt (vgl. Interview 4). Dabei ist jedoch sicherzustellen, dass Face-to-Face Beratungs- und Unterstützungsangebote (weiterhin) in ausreichender Zahl bereitgestellt und mit dementsprechenden finanziellen und personellen Ressourcen ausgestattet werden, um nicht neue Zugangshürden für bestimmte Personengruppen zu schaffen (z.B. für diejenigen ohne geschützten, gefahrenfreien Raum zur Kommunikation, ohne technische Ausstattung oder ohne kognitive, mentale oder praktische Fähigkeiten zur Nutzung digitaler Angebote etc.). Potenziale und Risiken der Digitalisierung sind hier verantwortungsbewusst und im Austausch mit den bzw. im Blick auf die Betroffenen auszuloten.

3. Zielgruppenspezifische Bedarfsanalyse und Beurteilung der Bedarfsgerechtigkeit

Im Folgenden wird die bestehende Versorgungsstruktur hinsichtlich der Berücksichtigung besonders schutzbedürftiger und marginalisierter Gruppen analysiert. Es werden die Situation und Bedürfnislagen von Kindern und Jugendlichen, von Frauen mit Migrations- und/oder Fluchtgeschichte, Frauen mit Behinderung und LSBTI*-Personen in den Blick genommen.

3.1 Kinder und Jugendliche

Eine besondere Betroffenengruppe im Zusammenhang mit häuslicher und sexualisierter Gewalt sowie Stalking sind Kinder, die im Umfeld ihrer Gewalt erfahrenden oder ausübenden Bezugspersonen wohnen und die den Grenzüberschreitungen / Übergriffen ebenso ausgesetzt sind, da sie diese unmittelbar miterleben müssen. Das Miterleben häuslicher bzw. sexualisierter Gewalt stellt eine Kindeswohlgefährdung dar (Bell 2016, S. 132ff.) und ist ein Hochrisikofaktor für die kindliche Entwicklung und stellt dennoch oft nur den sichtbaren Teil multipler psychosozialer Belastungen für die Kinder dar (vgl. Kavemann & Kreyssig 2007, Dlugosch 2010). Auch das neu verabschiedete „Kinder- und Jugendstärkungsgesetz" verweist explizit auf Kinder- und Jugendschutz und Prävention.

Schutz und Unterstützung
Für Mädchen unter 18 Jahren ist die Kinder- und Jugendhilfe und damit vorrangig die Kommune zuständig. Für die adäquate Versorgung im Hinblick auf die Betroffenheit von Gewalt und sexualisierter Gewalt ist damit gerade die Vernetzung und Abstimmung zwischen den Institutionen der Kinder- und Jugendhilfe und der Infrastruktur des Hilfesystems für von Gewalt betroffene Frauen bedeutsam.

Bereits in Kapitel 2 wurden hier Lücken in Bezug auf Kinder und Jugendliche deutlich: Die Verantwortlichkeit der Kinder- und Jugendhilfe für den in der IK formulierten Schutzauftrag wird bislang kaum wahrgenommen. Konkret bedeutet das, dass Minderjährige oft nicht die Chance haben, Schutz und Hilfe ohne Einverständnis von Eltern oder Jugendamt in Anspruch zu nehmen. Sie können sich beispielsweise nicht eigenständig in eine Mädchenzuflucht begeben, denn hierfür ist die Zustimmung des Jugendamtes erforderlich. Die Regelungen zu vertraulicher Dokumentation und Spurensicherung, die von den Eltern bzw. Sorgeberechtigten unabhängig ist, ist bislang unzureichend gewährleistet. Zudem gestaltet sich der Zugang zu Informationen für diese Zielgruppe äußerst schwierig. (Vgl. Alternativbericht IK 2021, S. 8.) An der Schnittstelle zwischen Kinder- und Jugendschutz und Prävention bzw. Intervention bei häuslicher und sexualisierter Gewalt sind die Maßnahmen und Angebote im Sinne der IK in Sachsen-Anhalt stärker auszubauen (vgl. Hattermann, LAG der Beratungsstellen für Betroffene von sexualisierter Gewalt, 2019).

Angebote der Einrichtungen der Kinder- und Jugendhilfe erleben Eltern (aber durchaus auch Kinder und Jugendliche) eher als bedrohlich, denn als unterstützend, da in diesem Zusammenhang die Angst vor Kinderentzug / Trennung dominiert. Ebenso sind Angebote, die auf die Mitarbeit der Eltern angewiesen sind, meist nicht zugänglich für Kinder, da beispielsweise Mütter aus einer eigenen Betroffenheit heraus nicht unbedingt den Schutz ihrer Kinder im Blick haben. Eine gesonderte Beratung und niedrigschwellige Angebote für von Gewalt mitbetroffene Kinder und Jugendliche, die vom System der Jugendhilfe und den Eltern unabhängig ist, existieren in Sachsen-Anhalt bislang nicht.[5] „Wir [die Interventionsstellen, Anm. d. V.] haben es in der Beratung mit rund 1.000 betroffenen Männern und Frauen jährlich zu tun, und diese Familien haben Kinder. [...] Tausende von Kindern treten dabei eben nicht in Erscheinung, werden von der Jugendhilfe nicht erfasst" (Herrmann, LAG IST, 2019). Diesen Kindern stehen keine spezialisierten Hilfeangebote zur Verfügung. Die Interventionsstellen bei häuslicher Gewalt sind Beratungsstellen für Erwachsene und können den mitbetroffenen Kindern kaum Angebote machen (vgl. ebd.). Sie erhalten finanzielle Zuwendungen ausschließlich für

---

5   Gemeint sind die Situationen, in denen es sich um keine nachgewiesene Kindeswohlgefährdung handelt. Wenn eine Kindeswohlgefährdung vorliegt, hat die Jugendhilfe geeignete Maßnahmen, um für den Schutz und die Begleitung der Kinder zu agieren.

erwachsene Betroffene von häuslicher Gewalt und Stalking. Laut Istanbul-Konvention sind mit „Frauen" jedoch auch nicht volljährige Mädchen (und Jungen) bzw. Jugendliche adressiert (vgl. IK Art. 3 f). Dies gilt für jegliche Form von Gewaltbetroffenheit, sei es als Zeug*in oder unmittelbar Betroffene von Gewalt.

Neben traumatherapeutischen Hilfeleistungen ist es relevant, die Kinder von Anfang an in die Interventionen zu integrieren und das Geschehen und Geschehene mit ihnen zu besprechen. (Mit-)betroffene Kinder können je nach Alter von eigenen Not- und Sicherheitsplänen (z.B. Kinder- und Jugendnotdienst, Vertrauenspersonen) profitieren. Kinder- und Jugendberatungsstellen könnten (wie in Sachsen und Mecklenburg-Vorpommern) unter Aufstockung der Stellenanzahl an die Interventionsstellen angegliedert werden, um einen direkten Zugang zu gewährleisten.

Es gibt in Sachsen-Anhalt pro Frauenschutzhaus, unabhängig von der Aufnahmekapazität, eine halbe Stelle, in deren Zuständigkeit die (mit-)betroffenen Kinder fallen. Dieses Stellenvolumen wird von den befragten Expert*innen als unverhältnismäßig beschrieben. Explizite Zufluchtsstätten für Mädchen bzw. Mädchen(schutz)häuser fehlen bislang. Es gibt – bzw. gab vorerst – das Modellprojekt der mobilen Beratung in Sachsen-Anhalt, das mit einer Stelle arbeitet und als zusätzliches Angebot in den Frauenschutzhäusern Frauen und Kinder psychologisch unterstützt. Dieses Projekt wird als sehr wichtig wahrgenommen und sollte aufgrund des hohen Bedarfs unbedingt verstetigt und ausgebaut werden (vgl. Interview 1).

Der Zugang zu Beratung und Schutz(unterkünften) ist für Mädchen mit Migrations- und Fluchterfahrung sowie Mädchen mit Behinderung besonders erschwert. Es mangelt generell an bedarfsgerechten Angeboten, Sprachmittlung und diversitätssensibler Beratung, wie sie ihnen nach Istanbul-Konvention und UN-Kinderrechtskonvention zustünde. In Unterkünften für Asylsuchende gibt es projekthafte Unterstützungsangebote für Kinder, die jedoch nicht verstetigt sind. Beispielhaft ist hier das Engagement Studierender der Universität Magdeburg.

Elterliches Recht

Wenn Entscheidungen zum Sorge- bzw. Umgangsrecht der Väter getroffen werden, entscheiden Familiengerichte häufig zugunsten der gemeinsam fortgesetzten Elternschaft, obwohl neben Art. 31 der Istanbul-Konvention auch die deutschen *Standards zum begleiteten Umgang* (Deutscher Kinderschutzbund Landesverband NRW e.V. 2008) bei sexueller und physischer Gewalt gegen das Kind und schwerer häuslicher Gewalt, die das Kind miterlebt hat, den Umgang ausschließen (vgl. ebd.).

Eltern mit gleichen Rechten und Pflichten auszustatten, ist ein Instrument und Kennzeichen der Gleichstellung der Geschlechter und setzt ein Machtgleichgewicht zwischen den Eltern voraus, das in gewaltvollen Beziehungen, die durch Unterdrückung und Zwang geprägt sind, nicht gegeben ist. Hier gilt es für Familiengerichte und Jugendämter, kindorientiert zu entscheiden und sensibel für Kindeswohlgefährdung aufgrund (mit-)erlebter Gewalt zu sein, zumindest, bis die Gewaltsituation beendet und ausreichend psycho- bzw. traumatherapeutisch aufgearbeitet ist (vgl. Interview 1).

Prävention

Weiterhin besteht Bedarf zur Bewusstseinsbildung gemäß Art. 13 Istanbul-Konvention. Der *Zweite interministerielle Opferschutzbericht des Ministeriums für Justiz und Gleichstellung* (MJ LSA 2021) führt die bisherigen Aktivitäten der Präventionsarbeit im Bundesland auf. Dabei handelt es sich bei den unter 6. (Maßnahmen des Opferschutzes im Bereich der Justiz), 7. (Maßnahmen des Opferschutzes im Bereich Soziales), 8. (Maßnahmen des Opferschutzes im Bereich der Bildung) und 9. (Opferschutz im Bereich der Medienarbeit) explizit genannten Präventionsangeboten, die Kinder und Jugendliche adressieren, um zeitlich befristete Projektangebote, die keine flächendeckende Versorgung für alle Kinder / Jugendlichen im Land gewährleisten.

Die Einrichtung der Position des „Kinder- und Jugendbeauftragten des Landes Sachsen-Anhalt und Ansprechpartner für Fragen des sexuellen Kindesmissbrauchs", die mit Holger Paech besetzt ist, kann ein interministerieller Impulsgeber werden, allerdings ist die Stelle bislang nicht mit einer Haushaltsposition hinterlegt, was ihre Wirksamkeit einschränkt. Derzeit zeigen sich zwischen den Ministerien mitunter langwierige Abstimmungsprozesse, die die praktische Arbeit erschweren. Zentrale Präventionsstrategien – etwa, dass sich Kinderschutzfachkräfte in Fort- / Weiterbildung grundständig mit dem Themenfeld sexualisierte Gewalt befassen – harren der strategischen Entwicklung und Umsetzung.

3.2 Mädchen und Frauen mit Behinderung

Mit den Merkmalen „Frau" und „behindert" geht eine erhöhte Vulnerabilität, Gewalt zu erfahren, einher. Etwa die UN-Behindertenrechtskonvention (UN-BRK 2006) und die DAPHNE-Studie (Schröttle et al. 2012) zeigen den Bedarf von Mädchen und Frauen mit Behinderung an spezialisierter Unterstützung und Schutz im Sinne Art. 22-26 der Istanbul-Konvention an. Gleichzeitig nehmen Frauen und Mädchen mit Behinderungen sehr selten Beratung und Hilfe in Anspruch (vgl. Schröttle et al. 2012).

Frauen und Mädchen mit Behinderung sind um ein Vielfaches häufiger von geschlechtsspezifischer Gewalt als nicht behinderte weibliche Personen betroffen. Nahezu die Hälfte der Frauen und Mädchen mit Behinderung berichten sexualisierte Gewalt in Kindheit, Jugend und Erwachsenenalter – zwei- bis dreimal häufiger als Frauen und Mädchen ohne Behinderung. Körperliche Gewalt erfahren sie doppelt so häufig (50-75 Prozent aller Befragten) wie nicht behinderte Frauen und Mädchen. Ähnlich verhält es sich bei psychischer Gewalt: Hiervon sind nahezu 75 Prozent der Zielgruppe betroffen (vgl. ebd.). Frauen und Mädchen mit Behinderung erfahren diese Gewalt in Einrichtungen der Behindertenhilfe, zu Hause durch die Familie, im Kontext von Pflege und Assistenz sowie im medizinischen Bereich bei Untersuchungen.

Hinzu kommt, dass 20 % der Frauen, die in einer Einrichtung der Behindertenhilfe wohnen, in einem Mehrbettzimmer leben bzw. keinen abschließbaren Wohn- und Waschraum haben, was eine Wahrung der persönlichen Intims- und Privatsphäre erschwert oder gar verunmöglicht (vgl. ebd.). Weiterhin können sie zumeist nicht selbst entscheiden, von wem sie gepflegt und berührt werden möchten. Behinderte Frauen und

Mädchen leben häufig in emotionalen, körperlichen und institutionellen Abhängigkeits- und Machtverhältnissen. Diese Strukturen erleichtern Übergriffe und vermindern die Aufdeckung von Gewalt.

Die Publikation *Gewaltpräventionskonzepte für die Arbeit mit Mädchen und Frauen mit Behinderungen* (Stahl 2017) reflektiert auch die Situation in Sachsen-Anhalt, bestätigt die bundesweit getroffenen Befunde – und gibt institutionelle Anregungen.

Schutz und Unterstützung

Von 19 Frauenschutzhäusern sind drei (Ballenstadt, Magdeburg, Zeitz) für die Aufnahme von Frauen mit bestimmten Behinderungen ausgestattet. Sie sind dahingehend vorbereitet, dass sie rollstuhlgerecht bzw. mit Fahrstuhl zugänglich sind und ein Haus Personen mit Sehbeeinträchtigung aufnehmen kann. Eine Herausforderung stellt die Aufnahme von Frauen mit Hörbehinderung oder Lernschwierigkeiten dar (vgl. Interview 7). Auch in diesen drei Häusern, wie in den übrigen 16, können nur Frauen aufgenommen werden, die ihren Alltag bzw. das Leben mit einem behinderten Kind selbstständig bewältigen können. Hilfe kann innerhalb des derzeitigen Stellenvolumens von den Mitarbeiter*innen nicht geleistet werden. Die Finanzierung persönlicher Assistenz ist nicht vorgesehen. Nichtsdestotrotz versuchen die Mitarbeiter*innen nach ihren Möglichkeiten, den Zugang bzw. Aufenthalt in den Schutzhäusern für alle Frauen und deren Kinder zu arrangieren.

Unter den vier spezialisierten Fachberatungsstellen zu sexualisierter Gewalt in Sachsen-Anhalt ist keine barrierearm zugänglich. Den Fachberatungsstellen stehen zum Zeitpunkt des Monitorings (2020/2021) keine finanziellen Mittel für barrierefreie Umbauten zur Verfügung. Es fehlen Mittel für das Dolmetschen von Beratungsgesprächen in die deutsche Gebärdensprache (vgl. Interview 3). Zugleich sind Frauen mit Hörbehinderungen jedoch in besonders hohem Maß von Gewalt betroffen (vgl. BMFSFJ 2013). Ein Beispiel: Für eine gehörlose Frau, die sich in einer spezialisierten Beratungsstelle für sexualisierte Gewalt beraten lässt, belaufen sich die Kosten fürs Gebärdendolmetschen in einem Beratungszeitraum von zwei Jahren auf ca. 8.000 € (vgl. Interview 1).

Es ist fraglich, wie Frauen, die in Einrichtungen der Behindertenhilfe oder in eigenem Zuhause leben, an Informationen (Art. 19 IK) über Präventions-, Beratungs- und Schutzmöglichkeiten gelangen können. Die Zugänge sind den Betroffenen durch mangelnde Zugänglichkeit von Informationen verstellt. Hierzu bedarf es einer funktionierenden landesweiten Vernetzung von Einrichtungen und Behörden der Behindertenhilfe, Trägern von Angeboten sowie Institutionen im Bereich der Selbstorganisation behinderter Menschen (vgl. Interviews 3 und 7).

Eine Informationsbroschüre analog der Empfehlung des Bundes zur Förderung Sehbehinderter e.V. wurde vom Land Sachsen-Anhalt herausgegeben, geht allerdings nicht auf die spezifischen Bedarfe von Frauen und Mädchen mit Sinnesbeeinträchtigungen ein, obwohl diese Gruppe neben den Personen mit Lernschwierigkeiten besonders von (sexualisierter) Gewalt betroffen ist. Für diese vulnerablen Gruppen reichen die bestehenden Angebote in Sachsen-Anhalt nicht aus.

Es gibt zahlreiche Einrichtungen in Sachsen-Anhalt, die ohne Gewaltschutzkonzept arbeiten (vgl. Interview 7). Die Heimaufsicht prüft die Einrichtungen nicht auf geschlechterdifferenzierten Gewaltschutz und Prävention vor sexualisierter Gewalt (vgl. Parallelbericht Ziffer 36, 2018). Hier steht eine Novellierung der Heimgesetze aus, um wirksamen Gewaltschutz in stationären Einrichtungen verpflichtend zu machen.

Eine Wegweisung von Täter*innen, die in Einrichtungen wohnen, oder aber auch dort arbeiten, und Übergriffe begehen, ist im Gewaltschutzgesetz (GewSchG) für stationäre Einrichtungen nicht ausreichend geregelt, weil nicht geklärt ist, inwieweit die Einrichtung als gemeinsame Wohnung angesehen werden kann und somit das GewSchG als Handlungsgrundlage angewandt werden kann (vgl. Interview 3).

Prävention

Weiterhin ist festzustellen, dass trotz der klaren wissenschaftlichen Studienlage sowie der Erfahrung innerhalb der Strukturen der Behindertenhilfe in Sachsen-Anhalt Uneinigkeit darüber herrscht, ob behinderte Frauen und Mädchen tatsächlich in hohem Maße von Gewalt gefährdet bzw. betroffen sind. So wurde die spezifisch auf Frauen und Mädchen mit Behinderungen fokussierte Unterarbeitsgruppe im Handlungsfeld 7 „Frauen und Mädchen", die sich auch mit Fragen der Prävention sexualisierter Gewalt befasste, kürzlich aufgelöst, da kein gesonderter geschlechtsspezifischer Handlungsbedarf bestehe. Es zeige sich eine große Zurückhaltung bei dem Thema sexualisierte Gewalt gegen behinderte Personen (vgl. Interview 1), was vermutlich im herrschenden Tabu begründet liegt, behinderten Personen, insbesondere Frauen, überhaupt eine eigene Sexualität zuzugestehen. Die Verbindung „behindert" und „sexuell" löst oftmals auch unter Fachkräften (z.B. Heimleitungen, gesetzliche Betreuer*innen) Unbehagen aus, dabei sind sie es, die im Fall von sexualisierter Gewalt eine Mittler*innenfunktion zwischen den Betroffenen und dem Hilfesystem innehaben. Weiterbildungen zur Sensibilisierung und Selbstreflexion der Betreuungs- und Unterstützungspersonen (Vorurteile in Bezug auf Behinderung, Erziehungs- bzw. Betreuungsstil) im Aufgabenprofil strukturell zu verankern, anstatt es der freiwilligen Verantwortung Einzelner zu überlassen, könnte einen Anstoß zur Veränderung geben. (Vgl. Stahl 2017.)

Ein Defizit herrscht ebenfalls in Bezug auf inklusiv konzipierte Veranstaltungen Sexueller Bildung (Themen bspw. sexuelle Selbstbestimmung, Selbstbestimmung über den eigenen Körper, Recht auf Privatsphäre und auf Freiheit von Gewalt inkl. geltender Konventionen wie der IK und UN-BRK), die Frauen mit Behinderungen wahrnehmen können, egal, ob sie privat oder stationär wohnen. Angebote Sexueller Bildung und strukturelle Gewaltprävention für behinderte Kinder und Jugendliche mit Lernschwierigkeiten scheinen oft nur theoretisch auf der Agenda der Einrichtungen der Kinder- und Jugendhilfe und der Eingliederungshilfe zu stehen (vgl. Interview 3). Diesbezügliche Angebote gehen bisher auf engagierte Einzelpersonen in unterschiedlichen Institutionen zurück, werden aber nicht flächendeckend vorgehalten. „Dass es keine Richtlinien zur Prävention sexualisierter Gewalt und zur Förderung von sexueller Selbstbestimmung gibt, ist in den Einrichtungen eher die Regel und ein Skandal, da dies eine Verletzung der BRK und der Menschenrechte der [...] betroffenen Frauen und Mädchen mit Behinderung ist." (Parallelbericht Ziffer 36, 2018, S. 3; vgl. Interview 7.) Eine vorbildliche Arbeit leistet hier Wildwasser Magdeburg e.V. Die Fachberatungsstelle für Betroffene sexualisierter Gewalt bietet auch Sexuelle Bildung in Einrichtungen der Behindertenhilfe und Weiterbildungen für Fachkräfte an (vgl. Interview 7).

Es gibt zahlreiche entsprechende Materialien und Programme, die genutzt werden können. Beispielhaft hierfür steht das Modellprojekt „Ben und Stella wissen Bescheid" im Rahmen des Projektes *BeSt - Beraten und Stärken - Bundesweites Modellprojekt 2015 - 2020 zum Schutz von Mädchen und Jungen mit Behinderungen vor sexualisierter Gewalt in Institutionen der Deutschen Gesellschaft für Prävention und Intervention bei Kindesmisshandlung und -vernachlässigung und sexualisierter Gewalt e.V.*, begleitet durch das *Sozialwissenschaftliche Forschungsinstitut zu Geschlechterfragen Freiburg* und gefördert vom BMFSFJ. Erwähnt sei ebenfalls die kürzlich vom *Bochumer Zentrum für Disability Studies* herausgegebene Aufbereitung der Istanbul-Konvention in Leichter Sprache (BODYS 2020), das Projekt zu Sexualität und Behinderung TRASE (TRASE o.J.) und die Präventionsausstellungen ECHT STARK! und ECHT MEIN RECHT! des Kieler PETZE-Instituts (PETZE o.J.), die auch in Sachsen-Anhalt zugänglich sind.

Eine wichtige Ressource, die als guter und notweniger Schritt des Landes Sachsen-Anhalt zum Schutz behinderter Frauen vor Gewalt zu werten ist, ist die Richtlinie zur Selbststärkung[6]. Mit Bezug auf sie ist es den Betroffenen bzw. den gesetzlichen Betreuer*innen seit 2019 möglich, finanzielle Mittel für Veranstaltungen und Kurse, die der Selbststärkung von behinderten Menschen dienen, von den Sozialämtern abzurufen. Im Rahmen dieser Richtlinie könnten Angebote Sexueller Bildung realisiert und finanziert werden.

In vielen Städten stehen grundsätzlich keine finanziellen Mittel zur Verfügung, um z.B. Sprachmittler*innen in die Beratungsprozesse einzubeziehen. Aufsuchende Beratungsangebote, beispielsweise im ländlichen Raum oder in Einrichtungen der Behindertenhilfe, können meist nur auf-

---

6   Richtlinie über die Gewährung von Zuwendungen zur Förderung von Maßnahmen zur Umsetzung des Landesaktionsplans Sachsen-Anhalt zur Umsetzung des Übereinkommens der Vereinten Nationen über die Rechte von Menschen mit Behinderungen „einfach machen".

Kosten anderer Angebote vorgehalten oder gar nicht realisiert werden.[7] Für betroffene Frauen (und Männer) ist es kaum möglich, sich geschlechtsspezifisch eine Berater*in auszusuchen, was vor allem im Zusammenhang mit sexualisierter Gewalt eine weitere Zugangshürde darstellt.[8]

In Magdeburg gibt es eine Beratungsstelle, die auch auf Frauen und Mädchen mit Behinderung, die Gewalt erfahren haben, spezialisiert ist. Träger der Beratungsstelle ist Rückenwind e.V. Sie steht in guter Kooperation mit den Pfeifferschen Stiftungen und den Frauenbeauftragten der Behindertenwerkstätten. Die Frauen mit Behinderungen empfinden diese Zusammenarbeit als sehr hilfreich (vgl. Interview 3). Die Beratungsstelle könnte als Beispiel guter Praxis für ähnliche Angebote vorausgehen.

Die Betreuung von Kindern und Jugendlichen und Frauen findet auf unterschiedlichen rechtlichen Grundlagen (SGB VIII und SGB XII) und mit unterschiedlichen Zuständigkeiten statt, was die Implementierung von Gewaltschutzkonzepten erschwert. Entwicklung und Umsetzung von Gewaltschutzkonzepten und Maßnahmen zur Gewalt- und Missbrauchsprävention für die Einrichtungen der Behindertenhilfe und die Leistungen der Eingliederungshilfe stehen nach wie vor in Sachsen-Anhalt aus, obwohl sie für die Umsetzung der UN-BRK unabdingbar sind und von lokalen Akteur*innen länger gefordert werden. Die zuständigen behindertenpolitischen Institutionen (bspw. Einrichtungsleitungen) sind oftmals nicht genügend sensibilisiert für das Thema (sexualisierte) Gewalt gegen Frauen und Mädchen.

Auch sind Kinder und Jugendliche mit Behinderungen bisher nicht ausreichend in Gewaltschutzkonzepte integriert. Gemäß Art. 12 Abs. 12 IK ist bedeutsam, dass auch Kinder und Jugendliche mit Behinderungen Strategien zum Selbstschutz und Empowerment lernen, ihre Rechte kennen und ermutigt werden, in Notsituationen Schutz und Hilfe in Anspruch zu nehmen. Eine inklusive Kinder- und Jugendarbeit wäre ein wichtiger

---

7   Stellungnahme zum Fachgespräch des Ausschusses für Recht, Verfassung und Gleichstellung des Landes Sachsen-Anhalt zum Landtagsbeschluss „Umsetzung der Istanbul Konvention" (Drs. 7/3094), 2019.

8   Vgl. Parallel report with special focus on girls women with disabilities on the „Answer to paragraph 36 of the Concluding Observations of the Committee on the Rights of Persons with Disabilities from the point of view of the Laender", 2018, S.9.

Schritt in diese Richtung. Kinderrechtskonvention, Istanbul-Konvention, Frauenrechtskonvention und Behindertenrechtskonvention müssten hier für eine umfassende Strategie zum Gewaltschutz zusammengedacht werden.

Die Partizipation von Frauen mit Behinderungen an Entscheidungsprozessen, die ihr eigenes Leben betreffen, ist in Sachsen-Anhalt bislang nicht bzw. nur randständig gegeben. Selbstorganisationen behinderter Menschen sind nicht Teil der relevanten Netzwerke im Kontext Schutz vor Gewalt und sexualisierter Gewalt im Land. Bspw. gibt es keine Selbstorganisation Behinderter, die Mitglied im Landesfrauenrat ist (vgl. Interview 1).

3.3 Frauen mit Migrations- oder Fluchterfahrung

Frauen und Mädchen mit „Flucht- und Migrationsgeschichte [sind] aufgrund verschiedener Merkmale und Zuschreibungen wie ihrer Hautfarbe, ihrer sozialen und/oder ethnischen Herkunft, ihres Geschlechts oder ihrer Sexualität ungleich stärker von sexualisierter Gewalt betroffen [...] als herkunftsdeutsche Frauen. Die Rede ist von Mehrfachdiskriminierung. Die Öffentlichkeit aber nimmt kaum Notiz davon." (DaMigra 2017, S. 12.)

Der Frage nach Bedarfsgerechtigkeit, geografischer Verteilung und Finanzierung von Hilfe- und Schutzangeboten ist die Problematik der Erreichbarkeit der Angebote vorangestellt. Für migrierte / geflüchtete Frauen und Mädchen gibt es zahlreiche Hürden an nahezu allen Stellen des Unterstützungssystems in Sachsen-Anhalt. Barrierefreiheit wird meist im Sinne sprachlicher und baulicher Barrieren gedacht. Für die Zielgruppe sind jedoch noch andere Hindernisse bedeutsam, wie fehlende Kenntnis des und mangelndes Vertrauen in die zumeist unbekannten Institutionen des Hilfesystems, die Angst vor Stigmatisierung und Victim Blaming innerhalb ihrer Communities, das interkulturelle Spannungsfeld verschiedener geschlechtlicher, sexueller oder auch religiöser Werte. Damit steht im Zusammenhang, dass ein Bedarf an Informationen über Rechte besteht, auch welche Phänomene im deutschen Kontext als sexualisierte oder häusliche Gewalt verstanden werden. Migrant*innenorganisationen für Frauen werden von Männern mitunter mit Argwohn und Zweifel betrachtet, im Sinne: „Sie machen unsere Frauen zu Feministinnen und veranlassen sie dazu sich scheiden zu lassen" (vgl. Interview 5). Andererseits bestehen seitens der mehrheitsdeutschen Mitarbeitenden im Schutz- und Hilfesystem oftmals Stereotype und Vorurteile bezüglich Kultur und Charakter von Migrant*innen, dem Leitsatz folgend: „Die sind halt so!" (vgl. ebd.). Sexualisierte und rassistische Gewalt gegen Frauen und Mädchen mit Migrations- und Fluchterfahrung wird dabei kaum gesellschaftlich thematisiert (vgl. DaMigra 2017).

Es handelt sich um eine komplexe Gemengelage und Lösungsansätze müssen auf mehreren Ebenen gedacht und installiert werden. Eine systemische Denkweise, die alle Beteiligten – Frauen, Männer, Kinder und Jugendliche sowie die Akteur*innen des Hilfe- und Unterstützungssystems – berücksichtigt und die sich ebenfalls in den bürokratischen Regelungen und der Zusammenarbeit der unterschiedlichen Verantwortlichen widerspiegelt, ist eine essenzielle Basis für die Umsetzung der IK.

Elterliches Recht

Geflüchtete Frauen sind auch in Sachsen-Anhalt in Asylunterkünften sexualisierten Übergriffen ausgesetzt (vgl. Rabe 2015). Durch die Umstände der Unterbringung können Übergriffe begünstigt werden. Oft ist keine ausreichende räumliche Trennung zu männlichen Mituntergebrachten gewährleistet. Es kommt auch vor, dass sexualisierte Gewalt vom Personal der Einrichtungen, z.B. fatalerweise von Mitarbeitern von Wach- und Schutzdiensten, ausgeübt wird (vgl. Interview 6). Sehr häufig haben geflüchtete Frauen und Mädchen bereits auf ihrem Weg nach Deutschland sexuelle Übergriffe und Vergewaltigung erfahren und sind insofern auf besonderen Schutz angewiesen – 80% haben eine Vergangenheit, in der Traumatisierungen passiert sind (vgl. Interview 5). Die EU-Aufnahmerichtlinie (2013) verpflichtet das Aufnahmeland, für „Personen, die Folter, Vergewaltigung oder andere schwere Gewalttaten erlitten haben [...] insbesondere Zugang zu einer adäquaten medizinischen und psychologischen Behandlung" (ebd. Art. 26, Abs. 1) zu gewährleisten. Die Richtlinie schreibt überdies vor, dass das Personal in den Unterkünften auf diese Bedürfnisse spezialisiert und diesbezüglich fortgebildet sein soll (vgl. ebd. Art. 26, Abs. 2).

Die EU-Aufnahmerichtlinie, die Gewaltschutzkonzepte für vulnerable Gruppen vorsieht, wird bisher in Sachsen-Anhalt lediglich modellhaft und punktuell umgesetzt bzw. nur – begrenzt – in Erstaufnahmeeinrichtungen angewandt (vgl. Interview 2), dabei beträgt die Aufenthaltszeit in Gemeinschaftsunterkünften oftmals mehrere Jahre. Die Befolgung der EU-Aufnahmerichtlinie würde in weiten Teilen für geflüchtete Frauen in Unterkünften dem geforderten Schutz der Istanbul-Konvention entsprechen. Aber bislang haben Gewaltschutzkonzepte für Gemeinschaftsunterkünfte in Sachsen-Anhalt nur den Charakter von Empfehlungen – sie sind gesetzlich nicht verpflichtend vorgeschrieben.

Ein weiteres strukturelles Problem, was den Schutz gewaltbetroffener Frauen und deren Kinder in Unterkünften erschwert, ist die Schwierigkeit der Wegweisung des Täters. Im Fall von Erstaufnahmeeinrichtungen muss eine Umverteilung beim Landesverwaltungsamt beantragt werden. Jede folgende Einrichtung ist Verwaltungssache des jeweiligen Landkreises. Es ist eine langwierige behördliche Prozedur erforderlich, in der wertvolle Zeit verloren geht, in der die Betroffenen weiterhin den Tätern ausgesetzt sind (vgl. Interview 2).

Darüber hinaus erschweren die Wohnsitzbestimmungen (nach § 12a AufenthG) asylsuchenden Frauen, sich aus Gewaltsituationen zu befreien. Wenn sie ihren angemeldeten Aufenthaltsort verlassen, um Schutz zu suchen, drohen Sanktionen, deren Vollzug davon abhängt, wie glaubwürdig die betroffene Frau der jeweiligen Ausländerbehörde ihre Gründe schildern kann. Die geringe Dichte an Frauenschutzhäusern in Sachsen-Anhalt macht jedoch oftmals einen Wohnortwechsel notwendig, der dann nur mit administrativem Aufwand und zeitlicher Verzögerung vollzogen werden kann (vgl. Interview 2). Die Bedingungen zur Bewilligung von Umverteilungsanträgen sind in der Regel hoch. Von Gewalt betroffene Frauen brauchen eine tragfähige Unterstützung, die sie bei der Antragstellung und Begründung begleitet. Im Status der Duldung, nach möglicherweise negativem Abschluss eines Asylverfahrens, wird der Umverteilung nur in Ausnahmefällen zugestimmt.

Die Bundesregierung hat die Istanbul-Konvention bezüglich des Aufenthaltsrechts von Migrantinnen mit Einschränkung ratifiziert. Aufgrund des Vorbehalts der deutschen Bundesregierung gegen Artikel 59 Abs.2 und Abs.3 IK riskiert eine Migrantin, die nicht über einen eheunabhängigen Aufenthaltstitel verfügt, abgeschoben zu werden, wenn sie sich aus einer Gewaltbeziehung löst.[9] Die Anzahl eigenständiger, also vom Ehegatten unabhängiger, Aufenthaltstitel von Frauen nach AufenthG ist von 2018 auf 2019 gesunken (vgl. GREVIO 2020).

Schutz und Unterstützung

Muttersprachliche Beratung bzw. Bereitstellung und Finanzierung von Dolmetschdiensten und Hinweise über Schutzmöglichkeiten aufgrund geschlechtsspezifischer Gewalt sind nach wie vor in Sachsen-Anhalt für geflüchtete bzw. migrierte Frauen nicht flächendeckend zugänglich. Es gibt mehrsprachige Informationen (z.B. die Broschüre *Ausblick, Publikation für Opfer häuslicher und sexueller Gewalt)*, diese sind jedoch für die Frauen nur relativ hochschwellig zugänglich, beispielsweise in den Fluren der Ausländerbehörden, wo sie unter dem öffentlichen Blick und unter Umständen im Beisein des (Ehe)Mannes entnommen werden müssten. Die Frauen, die in geschlossenen Haushalten leben, haben eine eingeschränkte Möglichkeit, von Angeboten zu erfahren bzw. diese aufzusuchen, da ihr Radius oftmals sehr beschränkt ist und sie beispielsweise nicht oder selten die öffentlichen Verkehrsmittel genutzt haben oder selbstständig in einem anderen Stadtteil gewesen sind (vgl. Interview 5).

Es gibt Asylunterkünfte und Erstaufnahmeeinrichtungen, die ein Angebot an Informationen in unterschiedlichen Sprachen für die Bewohner*innen bereithalten und über sensibilisiertes Personal verfügen. Positiv hervorzuhebende Beispiele sind Magdeburg und Bernburg. Oftmals jedoch herrschen Misstrauen oder Angst gegenüber den Sozialarbeitenden in den Einrichtungen, da sie als Teil eines unberechenbaren Systems wahrgenommen werden, von dem Personen mit Fluchtgeschichte abhängig sind (vgl. Interview 2).

---

9   Denn Migrantinnen, die häusliche Gewalt erfahren, können ihre Ehemänner in der sogenannten „Ehebestandzeit" von drei Jahren nicht verlassen, ohne ihren Aufenthaltstitel und damit ihr Bleiberecht in Deutschland zu verlieren.

Es gibt keine zentrale Zuständigkeit für die Erstellung und Aktualisierung von Informationsmaterialien zum Hilfe- und Schutzsystem in Sachsen-Anhalt. Es werden in Sachsen-Anhalt vor allem Materialien in den Sprachen Arabisch, Kurdisch, Persisch (Farsi) und Vietnamesisch benötigt.

Zurzeit baut sich jede Beratungsstelle örtlich oder regional einen eigenen Dolmetscher*innenpool auf, indem kurze Wege und persönliche Beziehungen genutzt werden. Das bedeutet, dass Dolmetscher*innen oft aus denselben Communities rekrutiert werden, aus denen auch die betroffenen Frauen stammen. Für viele migrantische Frauen stellt das ein Hemmnis dar, da die Communities von geschlechtsstereotypen und sexistischen Schuldzuweisungen geprägt sein können – wenn eine Frau von ihrem Ehemann geschlagen wird, könne das in einem vermeintlich „falschen Verhalten" von ihr begründet sein. Aufgrund von Gefühlen von Schuld und Scham und nicht zuletzt der Angst, dass der Aufenthaltsort der Betroffenen bekannt werden könnte, scheuen sich die Betroffenen, Beratung bzw. Sprachmittlung in Anspruch zu nehmen. Dolmetschende müssen darüber hinaus inhaltlich gut informiert werden / sein und vor eigener Retraumatisierung geschützt werden, da sie oftmals selbst von Gewalt betroffen waren / sind. Es ist also eine Auseinandersetzung mit der eigenen Rolle als Sprachmittler*in und eine gender- und diversitätssensible Haltung notwendig. Und andererseits brauchen Betroffene Sicherheit, dass neutral und ohne Beeinflussung übersetzt wird und ihre persönlichen Informationen vertraulich behandelt und nicht in die Community weitergetragen werden.

Insgesamt gibt es in Sachsen-Anhalt zu wenig Beratungsstellen, die auf die Schnittstelle Flucht und besondere Vulnerabilität, bspw. allein reisende Frauen, spezialisiert sind. Migrations- und Jugendmigrationsberatungsstellen sind nicht auf das Thema geschlechtsspezifische Gewalt auf der Flucht oder in Einrichtungen spezialisiert (vgl. Interview 2), die Beratungsstellen zu Gewalt und sexualisierter Gewalt hingegen nicht ausreichend für geflüchtete und migrierte Frauen offen.

In den Psychosozialen Zentren für Migrantinnen und Migranten in Sachsen-Anhalt (PSZ)[10] in Halle und Magdeburg, die als sehr hilfreich

---

10   Online: https://www.psz-sachsen-anhalt.de (Zugriff: 03.06.2021).

wahrgenommen werden, gibt es Übersetzungsdienste, allerdings sind dort Wartezeiten von bis zu einem Jahr zu verzeichnen (vgl. Interview 5). Für Personen in akuten Not- bzw. Gefährdungssituationen ist dies ein untragbarer Zustand. Seit 2015 ist in Sachsen-Anhalt der Anteil geflüchteter und zum Teil schwer traumatisierter Menschen deutlich gestiegen. Trotz erhöhter Förderung der Zentren durch das Land, kann der Bedarf an psychosozialer Beratung und Begleitung nicht gedeckt werden (vgl. MJ LSA, 2021). Es gibt beispielsweise keine Möglichkeit, eine (Trauma-)Therapie auf Arabisch in Anspruch zu nehmen (vgl. Interview 5). Die Beratungsstellen für Betroffene sexualisierter Gewalt konnten einen Teil ihrer Festfinanzierung für Dolmetschdienste umwidmen, was jedoch bedeutet, dass Mittel an anderer Stelle fehlen. Konkret: Es muss dann überlegt werden, ob weitere Materialien für die Präventions- und Beratungsarbeit angeschafft werden können (vgl. Interview 8). „Perspektivisch muss die psychosoziale Versorgung, einschließlich Sprachmittlung, in den Regelsystemen verbessert werden." (MJ LSA 2021, S. 123). In Krisenzentren und Beratungsstellen sollte gezielt Personal geschult bzw. angeworben werden, das über die benötigten Sprachkenntnisse verfügt; zugleich könnten Dolmetschdienste – insbesondere für den Einsatz im Kontext der Beratungen und Hilfen bei Gewalt und sexualisierter Gewalt – strukturell professionalisiert und in angemessener Höhe durch das Land finanziert werden.

Prävention

Eine Möglichkeit, Betroffene zu erreichen, wäre, die Themen Gewaltschutz und Frauenrechte implizit in verschiedene Bereiche der Sozialen Arbeit mit migrierten / geflüchteten Familien einzubeziehen und vor allem auch Männern Angebote zu machen. Oftmals sind sie ebenfalls durch Kriegs- und Fluchterfahrungen traumatisiert (vgl. Interview 4). „Frauen zu schützen, wird nicht ohne Einbezug der Männer funktionieren" (Interview 5). Die Grundlage einer realistischen Strategie des Gewaltschutzes für Frauen und Mädchen mit Migrations- oder Fluchtgeschichte ist der proaktive Aufbau von Vertrauen in die Institutionen des Hilfe- und Unterstützungssystems. Es gilt, sehr niedrigschwellige offene Angebote (z.B. Kommunikation, Kindererziehung etc.) in den jeweiligen Stadtteilen zu machen, um den Frauen eine Erweiterung ihres Bewegungsraumes zu ermöglichen und durch kleinschrittigen Beziehungsaufbau tragfähiges Vertrauen zu etablieren, auch im Sinne der Prävention von Gewalt. Dabei ist Kreativität in der Bereitstellung von Informationen gefragt, z.B. bei Ärzt*innen, Geschäften, Freizeittreffs etc. – überall dort, wo sich geflüchtete und migrierte Frauen aufhalten.

Eine weitere Hürde zum Hilfesystem und Risikofaktor, Gewalt schutzlos ausgeliefert zu sein, ist die mangelnde Einbeziehung migrierter / geflüchteter Frauen in Bildungsangebote. Frauen mit Kindern ist es häufig nicht möglich, einen Deutschkurs zu besuchen, da sie keine Betreuung für ihre Kinder erhalten. Plätze in Kindertageseinrichtungen sind je nach Wohnort rar. Frauen und Kinder sind diejenigen, für die diese Hemmnisse besonders problematisch sind, weil sie zu sozialer Isolation und damit auch zu einem fehlenden Schutz vor dem Gewalttäter beitragen (vgl. Interview 5). Gewaltbetroffene Migrantinnen suchen mit ihren Verletzungen oftmals keine medizinische Hilfe oder anderweitige Unterstützung auf (vgl. DaMigra 2017). Im besonderen Maß betrifft Isolation Frauen mit Duldung oder undokumentierte, illegalisierte Frauen – sie müssten konsequent als Zielgruppe jeglicher Antigewaltmaßnahmen mitgedacht werden (vgl. BIK 2021)

Sinnvoll, um den Zugang zu den Betroffenen von sexualisierter oder häuslicher Gewalt zu gestalten, ist, Stellen im Hilfesystem gezielt mit Personal mit eigener Migrations- oder Fluchtgeschichte zu besetzen (nicht nur im professionellen Bereich, sondern auch in der Peerberatung) bzw. Schulungen zu interkultureller Kompetenz und intersektionaler Sichtweise verpflichtend für alle Mitarbeitenden und Multiplikator*innen des staatlichen sowie nicht-staatlichen professionellen Hilfe- und Unterstützungssystems zu machen. Hiervon würden gleichsam alle Zielgruppen profitieren. Darüber hinaus ist es für eine wirksame Prävention essenziell, politische Bildung zu den Themen Frauen- und Kinderrechte und Gewalt zu betreiben – für Personen mit Migrations- oder Fluchterfahrung ebenso wie für mehrheitsdeutsche Personen. Diese Bildungskonzepte sollten in Zusammenarbeit mit Migrant*innenorganisationen entwickelt werden.

3.4 LSBTI* Personen

In der Regel berücksichtigen Studien zu Gewalterfahrungen die Lebenswelt von LSBTI* Personen zu wenig. Vor allem Trans* und Inter*-Personen werden selten erfasst. Die wenigen Studien belegen allerdings eine höhere Betroffenheit von Diskriminierung und sexualisierter Gewalt dieser Personengruppen (vgl. Franzen & Sauer 2010). So sind bspw. Personen diverser Geschlechtsidentität, wie die Studie *PARTNER 5 Erwachsene* zeigt, noch stärker als Frauen von sexueller Belästigung und Partnerschaftsgewalt betroffen (vgl. Kruber et al. 2021).

Sie finden jedoch nur vereinzelt auf ihre Situation spezialisierte und sensibilisierte Beratungs- und Schutzangebote. Positiv hervorzuheben ist, dass in der Belegung der Frauenschutzhäuser in Sachsen-Anhalt darauf geachtet wird, dass die besonderen Bedürfnisse von Trans*-Personen soweit wie möglich berücksichtigt werden und dass an spezialisierte Hilfen weiterverwiesen werden kann (vgl. Interview 4). Explizit queere bzw. LSBTI*-Wohngruppen gibt es in Sachsen-Anhalt bislang nicht.

LSBTI*-Geflüchtete sind in der EU-Aufnahmerichtlinie als besonders schutzwürdig aufgeführt, werden aber in der Umsetzung in Sachsen-Anhalt nicht grundlegend als vulnerable Gruppe betrachtet (vgl. Interview 2). Im Herkunftsland und in den Gruppenunterkünften sind sie oftmals erheblichen Diskriminierungen ausgesetzt und gleichzeitig scheuen sie sich, sich Sozialarbeitenden in den Unterkünften anzuvertrauen. Die sexuelle Orientierung oder geschlechtliche Identität als Fluchtgrund im Asylverfahren anzugeben, stellt eine größere Hürde dar.

Es fehlt an Anlaufstellen, die die Schnittstelle Flucht und LSBTI* Identitäten bedienen sowie an dezentralen Unterbringungsmöglichkeiten für diese vulnerablen Personen. Als erfolgreiches Beispiel in Sachsen-Anhalt hervorzuheben ist die Erstaufnahmeeinrichtung Halberstadt, in der engagiertes Personal, das sich durch freiwillige Weiterbildungen auf die Zielgruppen LSBTI* sensibilisiert hat, zu finden ist (vgl. ebd.). Diese Weiterbildungen werden im Art. 15 IK als verpflichtend für Sozialarbeiter*innen in Geflüchtetenunterkünften genannt.

3.5 Zweites Zwischenfazit

Die Handlungsbedarfe, die sich im *Kapitel 2* als Resultat der allgemeinen Bestandaufnahme des Hilfe- und Unterstützungssystems zeigten, erfahren bei der Betrachtung besonders schutzbedürftiger, marginalisierter Zielgruppen eine Erweiterung.

Bei der Fortentwicklung des Hilfe- und Unterstützungssystems für Betroffene von Gewalt und sexualisierter Gewalt sind Maßnahmen erforderlich, die spezifisch den Bedarfen von Frauen und Mädchen mit Behinderungen Rechnung tragen. Bislang mangelt es an barrierearmen Angeboten insgesamt – da die meisten der vorhandenen Angebote nicht barrierearm zugänglich sind. Bei einem flächendeckenden Ausbau der Landschaft an Fachberatungs- und Interventionsstellen sollte darauf geachtet werden, dass sie grundlegend barrierearm entwickelt werden – eine Einrichtung sollte dabei zugleich als *Koordinierungsstelle für Gewaltschutz bei Frauen und Mädchen / Jungen und Männern mit Behinderung in Sachsen-Anhalt* fungieren. Spezifisch auf Frauen und Mädchen mit Behinderung ausgerichtete Empowerment-Angebote zu Gewalt und sexualisierter Gewalt sollten flächendeckend eingerichtet und könnten von der Koordinierungsstelle betreut werden.

Zugleich wäre es bedeutsam, die Zielgruppe flächendeckend mit Informationen zu erreichen. Ein Anfang könnten grundlegende Schutzkonzepte in Bezug auf Gewalt und sexualisierte Gewalt sein, die alle Einrichtungen der Behindertenhilfe (partizipativ) erarbeiten und implementieren müssten. Die Schulen sind diesbezüglich in Sachsen-Anhalt auf dem Weg – allerdings steht auch hier eine Verpflichtung auf Schutzkonzepte, die in den Schulen aktiv „gelebt" werden und mit entsprechenden Bildungs- und Weiterbildungsangeboten verbunden sind, aus.

Auch geflüchtete und migrierte Frauen und Mädchen werden derzeit mangels angepasster Beratungs- und Unterstützungsstrukturen in Sachsen-Anhalt bislang fahrlässig gefahrvollen Situationen ausgesetzt. Das Hilfe- und Unterstützungssystem für Betroffene von Gewalt und sexualisierter Gewalt ist für sie nicht bzw. nur unter erheblichen Hürden zugänglich. Es bedarf einer interkulturellen und intersektionalen Sensibilisierung

des Systems, die nur bei einer entsprechenden Finanzierung (von Weiterbildungen, Dolmetschdiensten, niedrigschwelliger Information der Zielgruppen etc.) gelingen kann.

Spezifische Hürden wirken der guten Versorgung (mit-)betroffener
Kinder und Jugendlicher entgegen. Hier ist es bedeutsam, die vorhandenen Systeme zur Beratung und Hilfe bei Gewalt und sexualisierter Gewalt
gut mit den Institutionen der Kinder- und Jugendhilfe zu vernetzen, um
etwa mit Fragen rings um das Sorgerecht verbundene Gefahren für (mit-)
betroffene Kinder und Jugendliche zu minimieren. Der finanzielle Aufwuchs, der in Bezug auf Gewaltschutz von Kindern und Jugendlichen in
Kapitel 2 konstatiert werden konnte, ist ein guter Ansatz, bearbeitet aber
noch nicht die strukturellen Barrieren.

4. *Beispiele guter Praxis*

4.1 Vernetzung zwischen Polizei und Hilfesystem

Die Interviews belegen eine gute Zusammenarbeit zwischen der Polizei und Institutionen des Hilfesystems. Seitens der Polizei wird der Bedarf an Präventionsmaßnahmen wahrgenommen. Die Wichtigkeit, die allgemeine Bevölkerung zum Thema häusliche und sexuelle Gewalt zu informieren und zu sensibilisieren sowie Betroffene professionell aufzufangen, wird von Polizist*innen gesehen. Ebenso nehmen Polizist*innen Weiterbildungsangebote und interdisziplinären Austausch, beispielsweise auf Fachtagen, wahr (vgl. Interview 7). In Sachsen-Anhalt besteht eine gute Vernetzung zwischen Beratungsstellen und der Polizei (vgl. Interview 4), was für wirksamen und schnellen Opferschutz unabdingbar ist.

Es gibt insgesamt vier Opferschutzbeauftragte, angesiedelt in den Polizeiinspektionen Magdeburg, Halle, Stendal und Dessau-Roßlau (vgl. Polizei LSA o. J.). Hierauf kann aufgebaut und eine flächendeckende Verankerung des Themas in der Polizei erreicht werden. Die Studie *PARTNER 5 Erwachsene* konstatiert, dass lediglich 7 Prozent der Straftaten gegen die sexuelle Selbstbestimmung oder gewaltvolle Übergriffe innerhalb der Partnerschaft polizeilich angezeigt werden. Als einen der Gründe dafür nennen Betroffene das mangelnde Vertrauen in Polizei und Justiz, die Annahme, dass eher die Täter als die Opfer geschützt werden und die Angst vor einem psychisch aufreibenden Prozess, der für sie nachteilig ist (vgl. Kruber et al. 2021). Die Polizei nimmt in der Prävention und Ahndung häuslicher und sexueller Gewalt eine zentrale Rolle ein. Polizeibeamt*innen sind seit Inkrafttreten des GewSchG (2020) verpflichtet, in „jedem Fall Gewaltsituationen unmittelbar zu beenden, Strafverfolgung [auch ohne Antrag durch die Betroffenen] zu initiieren, Beratungshilfe auszulösen und Schutz zu bieten." (Frauengruppe GDP 2020, S. 5, Anm. A.K.). Die Frauengruppe der Gewerkschaft der Polizei stellt fest, dass sich damit für die Polizist*innen „äußerst arbeitsintensive, sensible und extrem verantwortungsvolle Aufgabenstellungen ergeben" (ebd.). Hierfür sind flächendeckende Angebote in Aus-, Fort- und Weiterbildung von Polizist*innen erforderlich.

4.2 Flüchtlingsfrauenschutzhaus

Das Land Sachsen-Anhalt verfügt über eine steigende Zahl spezialisierter Hilfeangebote im Sinne der IK, die besondere Bedürfnisse einzelner Zielgruppen adressieren bzw. bestehende Versorgungslücken schließen. So verfügt Halle über ein Flüchtlingsfrauenhaus mit zehn Plätzen für allein reisende Frauen und ihre Kinder, die sich im Asylverfahren befinden oder geduldet sind (vgl. Interview 10). Es ist das einzige Schutzhaus für geflüchtete Frauen in Sachsen-Anhalt und als Landesprojekt in dieser Form auch das einzige Haus bundesweit. Hier findet eine gute, engmaschige Betreuung statt, die eine Ausnahme im Hilfesystem darstellt. Die Mitarbeiter*innen sind sensibilisiert auf die häufig traumatischen Erfahrungen, die die Frauen auf der Flucht gemacht haben und deren psychosozialen Folgeerscheinungen (vgl. Interview 2). Die Angebote sind durchdacht und auf die Bedürfnisse der Frauen und Kinder zugeschnitten. Sie sind bedarfsgerecht, aber mit 10 verfügbaren Plätzen mit einer Verweildauer von einem Jahr noch lange nicht bedarfsdeckend. Die Existenz des Flüchtlingsfrauenhauses ist innerhalb der Strukturen des Hilfesystem nicht hinreichend bekannt (vgl. ebd.). Hier ist eine effektivere Vernetzung und Kooperation der Institutionen angeraten.

4.3 Weitere Projekte mit Vorbildcharakter

Die Frauenschutzhäuser im Land sind sehr gut vernetzt. Wenn Kapazitäten ausgeschöpft sind, werden andere Häuser kontaktiert und Aufnahme ermöglicht. Die Finanzierung der „Fremdplätze" ist jedoch problematisch, wenn eine andere Kommune für das Frauenschutzhaus zuständig ist, als die, in der die betroffene Frau ihren Aufenthalt hat. Hier ergibt sich ein kommunenübergreifenden Regelungsbedarf, so dass diejenigen, denen Schutz und Hilfe gemäß IK rechtlich zusteht, dieses Recht wahrnehmen können.
Geplant ist die Installation bzw. Fortführung der mobilen psychosozialen Beratung (die Teilnahme Sachsen-Anhalts am Bundesmodellprojekt, angesiedelt an die Stadtmission Magdeburg, lief 2020 aus) und die Verstetigung der vertraulichen Spurensicherung (vgl. Interview 4). Aus dieser Komplexität

der Angebote ergibt sich wiederum die Herausforderung der strukturellen Einbettung und Verstetigung sowie der Informationsweitergabe an die Betroffenen als auch innerhalb der Infrastruktur des Hilfe- und Unterstützungssystems.

Innerhalb der Vernetzung der Beratungs- und Interventionsstellen entwickeln die Mitarbeiter*innen sehr viele kreative Ideen und Lösungsansätze für niedrigschwellige Angebote (Beratungs- und Infobus, Türhänger mit Informationen für Gewaltbetroffene, der in gynäkologischen Praxen ausgehängt werden soll, Taschentücher, die in Apotheken ausgegeben werden sollen mit dem Slogan „Bleiben Sie gesund." und der Kontaktadresse des Netzwerkes gewaltfreies Sachsen-Anhalt).

Die Initiative SALAM, mit Standorten in Dessau-Roßlau, Halle und Magdeburg, bringt neben einem bestehenden Projekt Sexueller Bildung für Frauen und Mädchen eines für die Sexuelle Bildung für Männer und Jungen mit Migrations- und Fluchtgeschichte auf den Weg. Männer erhalten damit ein niedrigschwelliges Angebot, um in ihrer Muttersprache über Sexualität, die eigene Rolle als Mann und gegebenenfalls als Opfer oder Täter sexualisierter Gewalt zu reflektieren (vgl. Interview 5). Ein Weiterbildungskonzept zu Sexueller Bildung, auch mit Blick auf sexualisierte Gewalt, das modellhaft für Sachsen-Anhalt sein könnte, hat bereits der Burgenlandkreis mit Erfolg realisiert (vgl. Burgenlandkreis et al. 2019). Das Projekt wird kontinuierlich fortgesetzt.

Das Landesnetzwerk der Migrantenorganisationen Sachsen-Anhalt (LAMSA) e.V. führte in einer Geflüchtetenunterkunft in Bernburg ein Modellprojekt durch, dessen Inhalt die Sensibilisierung des Personals für Gewalterfahrungen vulnerabler Gruppen auf der Flucht und in Unterkünften und ein anonymer „Kummerkasten" für die Bewohner*innen war (vgl. Interview 2). Ein weiteres Projekt ist „SiSA – Sprachmittlung in Sachsen-Anhalt". Es unterstützt Migrant*innen, die die deutsche Sprache noch nicht beherrschen. Ehrenamtliche Sprachmittler*innen bieten Hilfe bei der Kommunikation mit Behörden und Ärzt*innen, aber auch in anderen Lebenssituationen, z.B. im Sportverein oder bei der Wohnungssuche. Dabei geht es nicht allein um das wörtliche Übersetzen, sondern es wird eine kultursensible Verständigung angestrebt.

5. *Handlungsempfehlungen zur Weiterentwicklung des Schutz- und Hilfesystems*

Generell ist festzustellen, dass das staatliche und nicht-staatliche Engagement in Sachsen-Anhalt oft punktuell und projekthaft erfolgt. Zur Steigerung der Effektivität und Erweiterung auf alle Bereiche der IK ist die Gesamtheit aller Maßnahmen und Aktionspläne zu Gewaltprävention, -schutz und -intervention in Sachsen-Anhalt in eine übergeordnete Strategie zu integrieren. Dabei ist die Zusammenarbeit der staatlichen Akteur*innen (Polizei, Staatsanwaltschaft, Justiz, Ämter, Kinder- und Jugendhilfe) und der Akteur*innen der Zivilgesellschaft, die oftmals über das jeweilige Fachwissen verfügen, sowie der Selbstvertretungen der Betroffenen, kontinuierlich sicherzustellen. Weiterhin ist eine effektivere Kooperation der Ministerien untereinander anzustreben, um Arbeitsabläufe zu bündeln und über das eigene Ressort hinaus die Notwendigkeiten zur Modifizierung des jetzigen Schutz- und Hilfesystems zu erkennen und voranzubringen.

Die Umsetzung von Beschlüssen (IK, UN BRK etc.) ist in regelmäßigen Abständen auf ihre Wirksamkeit zu evaluieren. Es reicht nicht aus, wenn sich der Landtag in Antworten auf Anfragen bzw. Petitionen zivilgesellschaftlicher Akteur*innen auf die Fassung der Beschlüsse und die Zielvorgaben beruft (vgl. Interview 3). Glaubwürdiges Engagement erfordert ernsthafte Selbstverpflichtungen und die politische Selbstverständlichkeit, geltendes Recht – entsprechend also die Istanbul-Konvention – durch effektive Maßnahmen umzusetzen.

Die IK garantiert einen individuellen Rechtsanspruch auf Hilfe und Unterstützung, um Gewalt zu verhindern oder zu beenden. Dieser Rechtsanspruch sollte die Grundlage einer von parteipolitischen Interessen unabhängigen Finanzierung von Frauenschutzhäusern, Fachberatungsstellen, Interventionsstellen und den weiteren Akteur*innen des Beratungs- und Hilfesystems sein. „Individuell" bedeutet dabei entsprechend der Istanbul-Konvention, dass alle Gewaltbetroffenen schutzwürdig sind – also auch Menschen ohne Papiere, geflüchtete Frauen und Kinder, Personen mit Behinderung, suchterkrankte und wohnungslose Frauen (vgl. Deutsches Institut für Menschenrechte 2018, BIK 2021).

Über diese allgemeinen Hinweise hinaus beziehen sich die **folgenden konkreten Empfehlungen** auf einige ausgewählte Artikel der Istanbul-Konvention, deren Umsetzung durch ein kontinuierliches unabhängiges Monitoring prüfbar ist. Die Darstellung erfolgt tabellarisch, wobei einerseits Aussagen allgemein getroffen, andererseits nach Zielgruppen differenziert werden.

Artikel der Istanbul-Konvention	**Empfehlungen allgemein und nach Zielgruppen**
	Bereich: Politische Maßnahmen
Artikel 10 Koordinierungsstelle Eine oder mehrere offizielle Stellen, die für die Koordinierung, Umsetzung, Beobachtung und Bewertung der politischen und sonstigen Maßnahmen zur Verhütung und Bekämpfung von Gewalt zuständig sind, wird / werden benannt oder errichtet.	Allgemein: • Etablierung einer unabhängigen Koordinierungsstelle für die Einbindung der Zivilgesellschaft in die Entwicklung von Maßnahmen im Rahmen der IK in Sachsen-Anhalt und als Akteurin zu den Schnittstellen mit Ministerien, Behörden, zivilgesellschaftlichen Organisationen und Wissenschaft, um Prozesse koordiniert zu begleiten; • Die Koordinierungsstelle sollte zugleich als unabhängige Beschwerdestelle / Ombudsstelle bei Nichteinhaltung der IK fungieren (vor allem bezogen auf Gewaltschutz in Einrichtungen der Behinderten- und Geflüchtetenhilfe); • Institutionalisierte Fallkonferenzen bei bereits auffälligen Tätern häuslicher / sexualisierter Gewalt, um die Zusammenarbeit und den Informationsaustausch von Polizei, Jugendamt, Institutionen des Hilfe- und Unterstützungssytems für Frauen und Mädchen sicherzustellen und so weitere Gewalt zu verhindern; • Einsetzung einer interministerielle Arbeitsgruppe mit Vertreter*innen der Praxis, um eine übergeordnete Strategie für das Land zu entwickeln und zu verwirklichen;

Artikel 13
Bewusstseinsbildung
Durchführung und Förderung regelmäßiger Kampagnen oder Programme zur Bewusstseinsbildung, damit in der breiten Öffentlichkeit das Bewusstsein und das Verständnis für die unterschiedlichen Erscheinungsformen von Gewalt, ihre Auswirkun-gen auf Kinder und die Notwendigkeit, solche Gewalt zu verhüten, verbessert wird.

Allgemein:
- Informationskampagnen und Programme zur Bewusstseinsbildung müssen über die sich ohnehin mit den Themen Gewalt und Prävention befassten Gruppen und Netzwerken in die allgemeine Gesellschaft hinausreichen;
- Gesonderte Finanzierung von Informationskampagnen, Präventionsprogrammen und Bereitstellung personeller Ressourcen in Fachberatungsstellen (Öffentlichkeitsarbeit darf nicht vom ohnehin knappen finanziellen und zeitlichen Budget der Einrichtungen des Hilfesystems abgezogen werden);
- Erfolgreiche Modellprojekte sind zu verstetigen und regelmäßig auf ihre Wirkung hin zu evaluieren;
- Beteiligung von Betroffenen in der Konzipierung von Programmen und gezielte Adressierung von besonders vulnerablen Gruppen sind sicherzustellen;
- Transparenz, welche Rechte Betroffene im Sinne der IK haben, ist durch Öffentlichkeitsarbeit herzustellen; durch Beteiligung von Selbstvertretungen können geeignete Maßnahmen erarbeitet werden;
- Geschlechtsspezifische Gewalt und Femizide sollen als solche benannt und darüber aufgeklärt werden;

	<u>Frauen und Mädchen mit Behinderung:</u> • Besonderer Fokus ist bei Information und Bewusstseinsbildung auf vulnerable Gruppen zu richten (Frauen und Mädchen mit Lernschwierigkeiten sind besonders häufig sexualisierter Gewalt ausgesetzt und besonders schlecht geschützt); <u>Migrierte / geflüchtete Frauen und Mädchen:</u> • Sexualisierte und rassistische Gewalt – in ihrer Verschränkung – gegen Frauen mit Migrations- und Fluchtgeschichte sollten thematisiert werden; • Spezifisch ausgerichtete Maßnahmen der niedrigschwelligen Information und Bewusstseinsbildung sollten getroffen werden;
Artikel 14 **Bildung** Es sind an die Fähigkeiten der Lernenden angepasste Lernmittel zu Themen wie der Gleichstellung von Frauen und Männern, der Aufhebung von Rollenzuweisungen, gegenseitigem Respekt, gewaltfreier Konfliktlösung in zwischenmenschlichen	<u>Allgemein:</u> • Empowerment für Frauen und Mädchen (Eigenständigkeit und Selbstbestimmung fördern, Abhängigkeit verringern, Bedürfnisse und Grenzen achten, Selbstwert und positives Körpergefühl fördern, selbstbestimmte Sexualität durch Sexuelle Bildung unterstützen, Selbstbehauptungs- und Selbstverteidigungskurse); • Stärkung der Schulsozialarbeit als Schnittstelle zwischen Schule und Hilfesystem und als Multiplikatorin für das Thema Gewalt und sexualisierte Gewalt;

Beziehungen, geschlechtsspezifischer Gewalt gegen Frauen und dem Recht auf die Unversehrtheit der Person in die offiziellen Lehrpläne auf allen Ebenen des Bildungssystems aufzunehmen. Auch informelle Bildungsstätten sowie in Sport-, Kultur- und Freizeiteinrichtungen und die Medien sind einzubeziehen.

- Integration der Themen Selbstbestimmung, Geschlechterrolle und Macht, sexualisierte und häusliche Gewalt in pädagogische Konzepte bzw. Lehrpläne der frühkindlichen Bildung, der Berufsausbildungen und der Studiengänge insbesondere Lehramt und Soziale Arbeit);

Frauen und Mädchen mit Behinderungen:

- Angebote einer inklusiv ausgerichteten Sexuellen Bildung allen Frauen mit Behinderung / mit besonderen Bedürfnissen im privaten und stationären Bereich ermöglichen;
- Spezialisierte und barrierearme Präventionsangebote kontinuierlich umsetzen;

Migrierte / geflüchtete Frauen und Mädchen:

- Kultur- und diversitätssensible Materialien in verschiedenen Sprachen, die die Eigenständigkeit und Selbstbestimmung fördern, Abhängigkeit verringern, Umgang mit Bedürfnissen und Grenzen vermitteln, Selbstwert und positives Körpergefühl fördern, selbstbestimmte Sexualität unterstützen;
- Berufseinstieg von migrierten / geflüchteten Frauen im pädagogischen Bereich erleichtern, damit Angebote auf eine breitere Akzeptanz in den Zielgruppen treffen können;

Artikel 15
Aus- und Fortbildung
Angehörigen bestimmter Berufsgruppen, die mit Betroffenen oder Tätern sexualisierter und häuslicher Gewalt gegen Frauen und Mädchen zu tun haben, sind zu geschlechtsspezifischer Gewalt, Gleichstellung von Frauen und Männern, den Bedürfnissen und Rechten der Opfer sowie zur Verhinderung sekundäre Viktimisierung aus- bzw. fortzubilden. Auch die koordinierte behördenübergreifenden Zusammenarbeit soll Bestandteil der Fortbildungen sein, um Weiterweisungen zu ermöglichen.

- Allgemein:
- Weiterbildung zu den speziellen Bedürfnissen von (von Gewalt betroffenen) geflüchteten Frauen und Frauen mit Behinderungen;
- Fort- und Weiterbildungen zu Sexueller Bildung und zur Prävention sexualisierter Gewalt sind flächendeckend zu verstetigen und verpflichtend für Personal in Unterkünften / Wohnheimen und Fachberatungsstellen sowie für Lehrkräfte einzuführen und zu finanzieren;
- Inhalte sind bereits in die Ausbildungs- bzw. Studiencurricula relevanter Berufsgruppen zu integrieren;
- Mitarbeitende in Behörden und Justiz verpflichtend zu Belangen von Frauen mit Gewalterfahrung und besonders Schutzbedürftigen (Frauen in Wohnungsnot, geflüchtete Frauen, LBTI*-Personen, Sexarbeiter*innen) schulen;
- Einbeziehung und Vernetzung der an häuslicher und sexualisierter Gewalt beruflich beteiligten Professionen sowie der Fachberatungsstelle gegen Zwangsverheiratung und ehrbezogene Gewalt sowie Frauenhandel;
- Übernahme von Weiterbildungskosten für Dolmetscher*innen allgemein und Gebärdendolmetscher*innen speziell;
Kinder:
- Fachwissen der Richter*innen im Umgang mit traumatisierten Kindern erhöhen;

	Migrierte / geflüchtete Frauen und Mädchen: • Diversitäts- und Kultursensibilität bei häuslicher Gewalt berücksichtigen, da häufig andere Situationen als in der Mehrheitsgesellschaft vorzufinden sind; Frauen und Mädchen mit Behinderung: • Bessere Aufklärung von Mitarbeitenden der Behindertenhilfe sowie von Fachpersonal in Beratungsstellen und im medizinisch-therapeutischen Bereich über die Folgen und Symptome von Gewalt gegen behinderte Frauen, da die Symptome oft der Behinderung anstatt den Übergriffen zugeschrieben werden; • Sensibilisierung und Selbstreflexion (Vorurteile in Bezug auf Behinderung, Erziehungs- bzw. Betreuungsstil) der Betreuungs- und Unterstützungspersonen; • In Einrichtungen der Behindertenhilfe braucht es verpflichtende Schulungen für Mitarbeiter*innen und freiwillige für Nutzer*innen zu Sexueller Bildung und zur Prävention von sexualisierter Gewalt;
Artikel 16 **Interventions- und Behandlungsprogramme für Täter** Es sind Programme für Täter*innen einzurichten, die gewaltfreies Verhalten in	Allgemein: • Flächendeckender Ausbau von Täter*innenarbeit, um niedrigschwelligen Zugang zu gewährleisten; • Arbeit mit Sexualstraftäter*innen ausbauen; • Bereitstellung finanzieller und personeller Ressourcen, ohne sie dem Hilfe-

| zwischenmenschlichen Beziehungen lehren und unterstützen, von Gewalt geprägte Verhaltensmuster zu verändern, um weitere Gewalt zu verhüten. Dabei sind Sicherheit, Unterstützung und Menschenrechte der Opfer ein vorrangiges Anliegen. | system für Frauen und Mädchen zu entziehen;
• Kultur- und diversitätssensible Arbeit mit Tätern mit Migrationsgeschichte ermöglichen;
• Schwerpunkt ehrbezogene Gewalt integrieren;
• Programme für Täter mit Behinderung in Leichter Sprache; |

Bereich: Schutz und Unterstützung

| **Artikel 19**
Informationen
Es ist sicherzustellen, dass Betroffene angemessen und rechtzeitig über verfügbare Hilfen und rechtliche Maßnahmen in einer ihnen verständlichen Sprache informiert werden. | • <u>Allgemein:</u>
• Angebote des Hilfesystems regelmäßig und verständlich bekanntmachen und Zugangsbarrieren abbauen;
• enge Kooperation zwischen Zivilgesellschaft (insbesondere Selbstvertretungen besonders vulnerabler Gruppen), professionellen Fachkräften (Gesundheitsversorgung, Mitarbeiter*innen von Hilfeangeboten, NGOs etc.), Wissenschaft und staatlichen Behörden, um transparente und funktionierende Überweisungspfade innerhalb des Hilfesystems zu schaffen und zielgruppengerechte Informationsmaterialien zu erstellen;
• Diversitäts- und gendersensible Schulung und Sensibilisierung von Polizist*innen als Mittler*innen zu Hilfeangeboten für Betroffene; |

- Für Kinder geeignetes Informationsmaterial über Rechte und Unterstützungsmöglichkeiten erarbeiten und dieses niedrigschwellig der Zielgruppe zur Verfügung stellen;

Frauen und Mädchen mit Behinderungen:
- Informationen über Beratungsstellen und Aufklärung über ihre Rechte in Leichter Sprache und andere Mittel der Unterstützten Kommunikation;

Artikel 22
Spezialisierte Hilfeangebote

In angemessener geographischer Verteilung sind spezialisierte Hilfen für sofortige sowie kurz- und langfristige Hilfe für Betroffene von Gewalt gegen Frauen (Wortlaut „alle Frauen") und häuslicher Gewalt sowie ihre Kinder bereitzustellen oder für deren Bereitstellung zu sorgen.

Allgemein:
- Schaffung von höheren Akutbehandlungskapazitäten, vor allem in ländlichen Gebieten, um Wartezeiten im Akut- und Krisenfall zu reduzieren bzw. zu vermeiden;
- Flächendeckende Verteilung von Fachberatungsstellen für Betroffene von häuslicher und sexualisierter Gewalt mit ausreichender personeller Ausstattung im gesamten Bundesland (eine Verankerung in jedem Landkreis und in jeder kreisfreien Stadt bedeutet einen Bedarf an zehn zusätzlichen Fachberatungsstellen für Betroffene von sexualisierter Gewalt – mit diesem Angebot wäre Sachsen-Anhalt mit einem Wert von 0,64 Fachberatungsstellen pro 100.000 EW im Bundesländervergleich im Mittelfeld);

- Entlastung der bestehenden Fachberatungsstellen durch Personalaufstockung und/oder Verringerung der regionalen Zuständigkeit;
- Tarifgerechte Entlohnung für Fachkräfte in Fachberatungsstellen in der Förderung festlegen (klare Unterscheidung von Personal- und Sachkosten);
- Bundesmodellprojekt Mobile Beratung für Betroffene im ländlichen Raum fortführen und dort, wo Versorgungsengpässe festzustellen sind, aufsuchende Angebote vorhalten;

Migrierte / geflüchtete Frauen und Mädchen:

- Unabhängig vom Aufenthaltsstatus und Sprachkenntnissen die Inanspruchnahme von psycho-sozialer Beratung und Behandlung gewährleisten;
- Sensibilisierte Dolmetscher*innen vorhalten und ihre Finanzierung sicherstellen; Schulung der Dolmetscher*innen – thematisch und psychologisch;
- Arbeitsmaterialien, z.B. Notfallkoffer, Übungen in Akutsituationen in verschiedenen Sprachen bereitstellen;

Frauen und Mädchen mit Behinderungen:

- Qualifizierte Sprachmittler*innen deutscher Gebärdensprache in ausreichender Anzahl vorhalten;
- Zugangshürden zum Hilfesystem analysieren und prüfen, welche Leistungen nach SGB VIII und SGB XII welchem Personenkreis zustehen (z.B. Schutz, Hilfe,

barrierefreie Freizeitgestaltung) und Zuständigkeiten transparent machen;
• Unter Partizipation der Betroffenen untersuchen, welche Voraussetzungen es braucht, damit Frauen und Mädchen ihre Rechte wahrnehmen können;

Kinder:

• Spezialisierte Beratung für Kinder und Jugendliche, auch unabhängig von den Strukturen der Kinder- und Jugendhilfe etablieren;
• Mobile Beratung, die auch psychologische Unterstützung für Kinder in Frauenschutzhäusern leistet, aufgrund des hohen Bedarfs ausbauen und verstetigen;
• Enge Zusammenarbeit mit der Kinder- und Jugendhilfe, um z.B. in akuten Gefährdungssituation entsprechende Schutzmaßnahmen einleiten zu können;
• Flächendeckende psychosoziale Beratung und Begleitung von Kindern und Jugendlichen in der Zeugenrolle (Begleitung zu Gerichtsverfahren durch gut qualifizierte Fachkräfte, nicht durch ehrenamtliche Helfer*innen);
• Es ist drauf hinzuwirken, dass männliche Kinder und Jugendliche von spezialisierten männlichen Beratern unterstützt werden können;

Artikel 23
Schutzunterkünfte
Es sind geeignete,
leicht zugängliche
Schutzunterkünfte in
ausreichender Zahl
bereitzustellen.

<u>Allgemein:</u>
- Flächendeckender Ausbau des Schutz-
netzes der Frauenschutzhäuser mit ent-
sprechendem Personalaufwuchs (171
zusätzliche Wohnplätze sind erforderlich,
um der Empfehlung des Europarates
gerecht zu werden; zumindest 73 zusätzliche Plätze sind erforderlich, um den
Bundesdurchschnitt zu erreichen);
- Schutzwohnungen für von Zwangsheirat
und Menschenhandel Betroffene, die besondere Anforderungen an Schutz und
Anonymität gerecht werden;
- Bereitstellung finanzieller und personeller Ressourcen (tarifgerechte Entlohnung
für Fachkräfte in Schutzunterkünften);
- Niedrigschwelligen Zugang zu Schutzunterkünften gewährleisten;
- Hürden bzgl. kommunen- und bundes-
landübergreifender Unterbringung in
Schutzunterkünften beseitigen;

<u>Migrierte / geflüchtete Frauen und Mäd-
chen:</u>
- Rechtsanspruch auf Schutz vor Ge-
walt und niedrigschwelligen Zugang zu
Schutzunterkünften unabhängig vom
Aufenthaltsstatus verwirklichen (An-
passung des Asylverfahrensgesetzes auf
Bundesebene);

<u>Frauen und Mädchen mit Behinderungen:</u>
- Bereitstellung von finanziellen Mitteln für
die Gewährleistung von Barrierefreiheit
von Frauenhäusern, Fachberatungsstellen und weiteren Hilfediensten;

<table>
<tr><td>

**Artikel 25
Krisenzentren für
Opfer von Vergewal-
tigung und sexueller
Gewalt**

Es sind leicht zugäng-
liche Krisenzentren für
Opfer von Vergewal-
tigung und sexueller
Gewalt in ausreichen-
der Zahl einzurichten
und medizinische und
gerichtsmedizinische
Untersuchungen, Trau-
mahilfe und Beratung
anzubieten.

</td><td>

<u>Allgemein:</u>
- Anzahl der Traumaambulanzen flä-
chendeckend erhöhen (Beispiele zur
Orientierung können Thüringen und
Mecklenburg-Vorpommern sein; Bran-
denburg hat mit der Ausschreibung von
Traumaambulanzen einen überdies inte-
ressanten Weg beschritten);
- In Kooperation mit der Kassenärztlichen
Vereinigung Sachsen-Anhalt und den
Kostenträgern Anbindung der vertrau-
lichen Spurensicherung an die Kran-
kenhäuser erwirken, um ein flächen-
deckendes Angebot zu gewährleisten
und (rechts)medizinische Fachkräfte im
Bereitschaftsdienst zur Verfügung zu
stellen, damit lange Wege für Opfer in
Akutsituationen wegfallen;
- Traumatherapeutische Behandlung
sicherstellen, um Chronifizierung der
Folgen auszuschließen und stationäre
Aufenthalte in psychiatrischen Einrich-
tungen zu vermeiden;

<u>Kinder & migrierte / geflüchtete Frauen
und Mädchen & Frauen und Mädchen mit
Behinderungen:</u>
- Anlaufstellen in ausreichender Anzahl
einrichten, die auf die Bedürfnisse von
Frauen und Mädchen mit Behinde-
rungen bzw. Flucht- und Migrations-
geschichte bzw. Kinder angepasst und
wahrnehmbar sind;

</td></tr>
</table>

<table>
<tr><td colspan="2" align="center">Bereich: Recht</td></tr>
<tr><td>

Artikel 31[2]
Sorgerecht, Besuchsrecht und Sicherheit
Geschlechtsspezifische und häusliche Gewalt ist bei allen Entscheidungen über Sorge- und Besuchsrecht für Kinder zu berücksichtigen. Die Sicherheit der Mutter und der Kinder dürfen durch Sorgerecht und Umgang nicht gefährdet werden.

</td><td>

Allgemein:
- Jugendämter sollten fallspezifisch sicherstellen, dass die Ausübung des Besuchs- oder Sorgerechts des gewaltausübenden Elternteils die Rechte und die Sicherheit der Kinder und der Mütter nicht beeinträchtigt;
- Kosten für Räume und Personal, um Treffen der gewaltausübenden Väter mit ihren Kindern unter Aufsicht Dritter (begleiteter Umgang) stattfinden zu lassen, sind zu finanzieren und nicht den von Gewalt betroffenen Müttern zu überlassen;
- Das Kindeswohl ist in den Mittelpunkt von Entscheidungen über das Besuchs- oder Sorgerecht zu stellen;
- alle beteiligten Fachkräfte an familiengerichtlichen Verfahren (auch Richter*innen) zur Dynamik häuslicher / sexualisierter Gewalt, psychischen Folgen und Kindeswohlgefährdung fortbilden (vgl. Art. 15 IK);

</td></tr>
<tr><td>

Artikel 40
Sexuelle Belästigung
Jede Form von ungewolltem sexuell bestimmtem verbalen, nonverbalen oder körperlichen Verhalten mit dem Zweck oder

</td><td>

Allgemein:
- Geeignete Maßnahmen gegen die „Kultur der Grenzverletzungen und sexuellen Belästigung" installieren. (z.B. Stärkung der Arbeit im Bereich des AGG in Sachsen-Anhalt, Fortbildungs-Quote für Unternehmen durch AGG)

</td></tr>
</table>

der Folge, die Würde einer Person zu verletzen, wird strafrechtlich oder mit sonstigem Recht sanktioniert.

- Schutzkonzepte zu Gewalt und sexualisierter Gewalt in den spezifischen Hilfeangeboten und Einrichtungsformen erarbeiten und umzusetzen;

Artikel 51
Gefährdungsanalyse und Gefahrenmanagement
Eine Analyse der Gefahr für Leib und Leben und der Schwere der Situation sowie der Gefahr von wiederholter Gewalt wird von allen einschlägigen Behörden vorgenommen, um die Gefahr unter Kontrolle zu bringen und für koordinierte Sicherheit und Unterstützung zu sorgen. Der Besitz von oder Zugang zu Waffen müssen besonders berücksichtigt werden.

Allgemein:
- Leitlinien für standardisierte Gefährdungsanalyse erstellen;
- Interinstitutionelle (staatliche und nichtstaatliche Institutionen) Zusammenarbeit zur Analyse von Gefährdungen und Gewalt in Partnerschaften, um schwerste Gewalt und Tötungen zu verhindern;
- (Angekündigte) Trennungen als Risiko für schwerste Gewalt bis hin zur Tötung ernstnehmen;
- Weiterbildung in der Erkennung von Hochrisikofällen für Fachkräfte;
- Geänderte Zuständigkeiten von Jugendamt und Familiengericht dem Gewalttäter nicht offenlegen, wenn Frauen und Kinder dadurch ausfindig gemacht und gefährdet werden können;

Artikel 59 Gewaltbetroffene, deren Aufenthaltsstatus vom Gewalt ausübenden Partner abhängt, können im Fall der Auflösung der Ehe oder Beziehung bei besonders schwierigen Umständen auf Antrag einen eigenständigen Aufenthaltstitel unabhängig von der Dauer der Ehe oder Beziehung erhalten	• <u>Allgemein:</u> • Umsetzung von Art. 59 Abs. 1 der IK ohne Einschränkungen; • Realistische Anforderungen an den Nachweis der häuslichen Gewalt; • Sicherstellen, dass die Ausländerbehörden über einen entsprechenden Antrag sofort entscheiden – Prinzip: Im Zweifel für die Sicherheit; • Vernetzung der Ausländerbehörden mit dem Hilfesystem
Allgemein übergreifend	<u>Allgemein:</u> • Konzeption und Umsetzung einer institutionenübergreifenden Gesamtstrategie, die die Rechte und den Schutz der Betroffenen in den Mittelpunkt aller Maßnahmen und wirksamen Zusammenarbeit zwischen allen beteiligten Akteur*innen (Behörden, Einrichtungen, Organisationen) stellt; • Partizipation der Betroffenen an der Erarbeitung einer Gesamtstrategie (Einbindung von Selbstvertretungen); • Einrichtung einer Landeskoordinierungs- und Kooperationsstelle für Frauen und Mädchen mit Behinderungen; • „Runder Tisch gegen Gewalt" bzw. Vernetzung aller im Schutz- und Hil-

fesystem relevanten staatlichen und nicht-staatlichen Akteur*innen und Organisationen (verpflichtende Teilnahme staatlicher Institutionen, z.B. Polizei, Sozialer Dienst der Justiz, Staatsanwaltschaft) und dementsprechende Ausstattung mit Ressourcen;

• Schaffung einer funktionierenden, auf Aktivitäten zielenden interministeriellen Arbeitsgruppe der beteiligten Ministerien, zzgl. zivilgesellschaftlicher Akteur*innen;

• Hürden, die den Zugang bestimmter Personengruppen zum Schutzsystem de facto ausschließen (z.B. Studierende, EU-Bürgerinnen, Frauen ohne Aufenthaltstitel, für die eine Finanzierung der Unterbringung im Frauenschutzhaus nicht vorgesehen ist) praxisnah reformieren und Schutz auch dieser Personengruppen ermöglichen;

• Stärkung des Opferschutzes;

<u>Kinder:</u>

• Kooperation von Kinderschutz und Anti-Gewaltarbeit, auch Ressort übergreifend;

<u>Migrierte / geflüchtete Frauen und Mädchen:</u>

• Unterbringung in Sammelunterkünften vermeiden, Leben in eigener Wohnung ermöglichen;

• Proaktiv Prävention von Gewalt in Gemeinschaftsunterkünften betreiben;

- Einhaltung der EU-Aufnahmerichtlinie (Gewaltschutzkonzepte) in Asylunterkünften, insbesondere für auf besonderen Schutz angewiesene geflüchtete Frauen;
- Einhaltung der „Mindeststandards zum Schutz von geflüchteten Menschen in Flüchtlingsunterkünften" des BMFSFJ umsetzen;
- Wegweisung von Tätern aus stationären Einrichtungen ermöglichen;

6. *Literatur*

Amtsblatt der Europäischen Union (2013): Richtlinie zur Festlegung von Normen für die Aufnahme von Personen, die internationalen Schutz beantragen. L 180/96. Online: https://eur-lex.europa.eu/LexUriServ/LexUriServ.do?uri=OJ:L:2013:180:0096:0116:DE:PDF (22.05.2021).

Aufarbeitungskommission (2021): Belastungen und Entlastungen von Betroffenen sexualisierter Gewalt in Kindheit und Jugend in der Corona-Pandemie: Zweite Auswertung einer Online-Befragung. Online: https://www.aufarbeitungskommission.de/mediathek/belastungen-und-entlastungen-von-betroffenen-in-der-corona-pandemie/ (03.06.2021).

Bell, Patricia (2016): Sexualisierte Gewalt gegen Kinder und Partnergewalt. Opladen u.a.: Verlag Barbara Budrich.

BIK (Bündnis Istanbul-Konvention, 2021): Alternativbericht des Bündnis Istanbul-Konvention zum Stand der Umsetzung der Konvention in Deutschland. Online: http://buendnis-istanbul-konvention.de/wp-content/uploads/2021/03/Alternativbericht-BIK-2021.pdf (22.05.2021).

BMAS (2015): Evaluation des Nationalen Aktionsplans der Bundesregierung zur Umsetzung der UN-Behindertenrechtskonvention. Abschlussbericht. Online: https://www.gemeinsam-einfach-achen.de/SharedDocs/Downloads/DE/AS/NAP-Bericht.pdf;jsessionid=86917D197AD90E557CA8302FF49F074A.2_cid320?__blob=publicationFile&v=4 (22.05.2021)

BMFSFJ (2014). Gewalt gegen Frauen in Paarbeziehungen. Eine sekundäranalytische Auswertung zur Differenzierung von Schweregraden, Mustern, Risikofaktoren und Unterstützung nach erlebter Gewalt. Online: https://www.bmfsfj.de/bmfsfj/service/publikationen/gewalt-gegen-frauen-inpaarbeziehungen/80614 (22.05.2021).

BMFSFJ (2018): Mindeststandards zum Schutz zum Schutz von geflüchteten Menschen in Flüchtlingsunterkünften. Online: https://www.bmfsfj.de/resource/blob/117472/bc24218511eaa3327fda2f2e8890bb79/mindeststandards-zum-schutz-von-gefluechteten-menschen-in-fluechtlingsunterkuenften-data.pdf (22.05.2021).

BODYS (Bochumer Zentrum für Disability Studies, 2020): Die Istanbul-Konvention In Leichter Sprache. (Erstellt von leicht ist klar – Büro für Leichte Sprache, Kassel). Online: https://www.bodys-wissen.de/files/bodys_wissen/Downloads/Istanbul-Konvention%20in%20Leichter%20Sprache_barrierefrei.pdf (22.05.2021).

BPtK (Bundes-Psychotherapeuten-Kammer 2020): Übersicht Traumambulanzen. Stand: 10. September 2020. Berlin.

BPtK (Bundes-Psychotherapeuten-Kammer 2018): Ein Jahr nach der Reform der Psychotherapie-Richtlinie: Wartezeiten 2018. Berlin.

Bundeskoordinierung der spezialisierten Fachberatungsstellen gegen sexualisierte Gewalt in Kindheit und Jugend (2020): Schriftliche Stellungnahme im Rahmen der Öffentlichen Anhörung des Ausschusses für Recht und Verbraucherschutz zum „Entwurf eines Gesetzes zur Bekämpfung sexualisierter Gewalt gegen Kinder". Online: https://www.bundeskoordinierung.de/de/article/312.schriftliche-stellungnahme-im-rahmen-der-%C3%B6ffentlichen-anh%C3%B6rung-des-ausschusses-f%C3%BCr-recht-und-verbraucherschutz-zum-entwurf-eines-gesetzes-zur-bek%C3%A4mpfung-sexualisierter-gewalt-gegen-kinder.html (13.04.2021).

Bundeskriminalamt (2020) Partnerschaftsgewalt. Kriminalstatistische Auswertung – Berichtsjahr 2019. Online: https://www.bka.de/SharedDocs/Downloads/DE/Publikationen/JahresberichteUndLagebilder/Partnerschaftsgewalt/Partnerschaftsgewalt_2019.pdf?__blob=publicationFile&v=2 (22.05.2021).

Bundesverband Frauenberatungsstellen und Frauennotrufe (bff) 2018: Die Fachberatungsstellen: Aktiv gegen Gewalt gegen Frauen und Mädchen. Stark für die Gesellschaft- gegen Gewalt. Online: https://www.frauen-gegen-gewalt.de/de/broschueren-und-buecher/die-fachberatungsstellen-aktiv-gegen-gewalt-gegen-frauen-und-maedchen-stark-fuer-die-gesellschaft-gegen-gewalt.html (22.05.2021).

Burgenlandkreis; Heyne, Karoline; Pampel, Ralf; Voß, Heinz-Jürgen; Zodehougan, Senami (Hg., 2019): Sexuelle Bildung in Einrichtungen: Interkulturelles und intersektionales Rahmenkonzept. Online: https://dasendedessex.de/wp-content/uploads/2019/02/Burgenlandkreis_2019_Rahmenkonzept_interkulturelle_intersektionale_sexuelle_Bildung.pdf (22.05.2021).

Council of Europe. (2008): Combating violence against women: minimum standards for support services. Online: https://www.ohchr.org/Documents/Issues/Women/SR/Shelters/EG-VAW-CONF_2007_Study.pdf (22.05.2021).

Council of Europe (2011): Übereinkommen des Europarats zur Verhütung und Bekämpfung von Gewalt gegen Frauen und häuslicher Gewalt und erläuternder Bericht. Online: https://rm.coe.int/1680462535 (22.05.2021).

DaMigra (2017): Nein zu Gewalt an Migrantinnen* und geflüchteten Frauen*. Dokumentation der Tagung zum Internationalen Tag zur Beseitigung von Gewalt gegen Frauen. 25. November 2017. Online: https://www.damigra.de/wp-content/uploads/MITOO_MigrantinnenAuch.pdf (22.05.2021).

Deutscher Bundestag (2012): Bericht der Bundesregierung zur Situation der Frauenhäuser, der Fachberatungsstellen und anderer Unterstützungsangebote für gewaltbetroffene Frauen und deren Kinder. Unter: https://www.bmfsfj.de/resource/blob/93350/e8f90d2446d01af18a3c88a110200457/bericht-der-bundesregierung-zur-situation-der-frauenhaeuser-data.pdf (22.05.2021).

DJB (Deutscher Juristinnenbund, 2020): Bericht des Deutschen Juristinnenbundes e.V. (djb) zur Umsetzung der Istanbul-Konvention in Deutschland. Online: https://www.djb.de/presse/stellungnahmen/detail/st20-31 (22.052021).

DJB (Deutscher Juristinnenbund, 2021): Effektiver Gewaltschutz in und nach der Pandemie: Istanbul-Konvention endlich umsetzen! Pressemitteilung: 21-01. Online: https://www.djb.de/presse/pressemitteilungen/detail/pm21-01 (22.05.2021).

Deutscher Kinderschutzbund Landesverband NRW e.V., Friedhelm Güthoff (2008): Standards im Begleiteten Umgang: Eine fachliche Orientierung zum Schutz von Kindern. Online: https://www.kinderschutzbund-nrw.de/pdf/Standards%20im%20Begleiteten%20Umgang%20April%2008.pdf (22.05.2021).

Dlugosch, Sandra (2010): Mittendrin oder nur dabei? Miterleben häuslicher Gewalt in der Kindheit und seine Folgen für die Identitätsentwicklung. Wiesbaden. VS Verlag für Sozialwissenschaften.

Fischer, Lisa (2020): Akutversorgung nach sexualisierter Gewalt, Zur Umsetzung von Artikel 25 der Istanbul-Konvention in Deutschland, Vorabfassung, Deutsches Institut für Menschenrechte. Online: https://www.institut-fuer-menschenrechte.de/fileadmin/Redaktion/PDF/Aktuelles/Analyse_Artikel_25_Istanbul-Konvention_Vorabfassung.pdf (22.05.2021).

FRA (European Union Agency for fundamental rights, 2014): Gewalt gegen Frauen. Eine EU-weite Erhebung. Ergebnisse auf einen Blick. Online: https://fra.europa.eu/sites/default/files/fra-2014-vaw-survey-at-a-glance-oct14_de.pdf (22.05.2021).

Franzen, Yannick & Sauer, Arn (2010): Benachteiligung von Trans*Personen, insbesondere im Arbeitsleben. Antidiskriminierungsstelle des Bundes (Hrsg.) Unter: https://www.transinterqueer.org/download/Publikationen/benachteiligung_von_trans_personen_insbesondere_im_arbeitsleben.pdf (30.04.2021).

Frauenhauskoordinierung e. V. (2014), Qualitätsempfehlungen, für Frauenhäuser und Fachberatungsstellen für gewaltbetroffene Frauen. Berlin.

GREVIO (2020): Erster Staatenbericht der Bundesrepublik Deutschland. BMFSFJ (Hrsg.). Online: https://www.bmfsfj.de/resource/blob/160138/6ba3694cae22e5c9af6645f7d743d585/grevio-staatenbericht-2020-data.pdf (14.02.2021).

Hattermann, Ines (2019): LAG der Beratungsstellen für Betroffene von sexualisierter Gewalt. In: Landtag von Sachsen-Anhalt (2019): Textdokumentation zur Veröffentlichung im Internet über die öffentliche Anhörung 7/REV/31, 16.08.2019.

Herrmann, Lissy (2019): LAG Interventionsstellen. In: Landtag von Sachsen-Anhalt (2019): Textdokumentation zur Veröffentlichung im Internet über die öffentliche Anhörung 7/REV/31, 16.08.2019.

Kavemann, Barbara & Kreyssig, Ulrike (2007): Handbuch Kinder und häusliche Gewalt. Wiesbaden. VS Verlag für Sozialwissenschaften.

Kavemann, Barbara; Nagel, Bianca; Hertlein, Julia (2016): Expertise „Fallbezogene Beratung und Beratung von Institutionen zu Schutzkonzepten bei sexuellem Missbrauch. Erhebung von Handlungsbedarf in den Bundesländern und von Bedarf an Weiterentwicklung der Fachberatungsstellen" im Auftrag des UBSKM. Online: https://beauftragter-missbrauch.de/fileadmin/Content/pdf/Presse_Service/Hintergrundmaterialien/Expertise_Fachberatungsstellen.pdf (21.05.2021).

Kruber, Anja; Weller, Konrad; Bathke, Gustav-Wilhelm; Voß, Heinz-Jürgen (2021): *PARTNER 5 Erwachsenensexualität 2020*. Primärbericht: Sexuelle Grenzverletzungen und sexualisierte Gewalt. Merseburg: Hochschule Merseburg. Online: https://www.ifas-home.de/wp-content/uploads/2021/03/Bericht-Partner-5-Erwachsene-Dunkelfeld-FINAL.pdf (02.05.2021).

LFR (Landesfrauenrat Sachsen-Anhalt e.V., 2019): Gemeinsame Stellungnahme zum Fachgespräch des Ausschusses für Recht, Verfassung und Gleichstellung des Landes Sachsen-Anhalt zum Landtagsbeschluss „Umsetzung der Istanbul Konvention" (Drs. 7/3094).

Landtag von Sachsen-Anhalt (2019): Textdokumentation zur Veröffentlichung im Internet über die öffentliche Anhörung 7/REV/31, 16.08.2019.

Leisering, Britta; Rabe, Heike; Deutsches Institut für Menschenrechte (2018): Analyse. Die Istanbul-Konvention. Neue Impulse für die Bekämpfung von geschlechtsspezifischer Gewalt. Unter: https://www.institut-fuer-menschenrechte.de/fileadmin/Redaktion/Publikationen/Analyse_Studie/Analyse_Istanbul_Konvention.pdf (22.05.2021).

Leitstelle (Leitstelle für Frauen- und Gleichstellungspolitik, o. J. a): Bekämpfung von Gewalt gegen Frauen. Online: https://leitstelle-frauen-geschlechter gleichstellung.sachsen-anhalt.de/frauen-und-gleichstellung/bekaempf ung-von-gewalt-gegen-frauen/ (22.05.2021).

Leitstelle (Leitstelle für Frauen- und Gleichstellungspolitik, o. J. b): Landeskoor-dinierungsstelle. Online: https://leitstelle-frauen-geschlechtergleichstell ung.sachsen-anhalt.de/frauen-und-gleichstellung/bekaempfung-von-gewalt-gegen-frauen/landeskoordinierungsstelle/ (22.05.2021).

LIKO (Landesintervention und -koordination bei häuslicher Gewalt und Stalking, o. J.): Schutz und Hilfe vor Ort. Online: https://www.liko-sachsen-anhalt.de/ schutz-und-hilfe-vor-ort/ (22.05.2021).

MJ LSA (Ministerium für Justiz und Gleichstellung des Landes Sachsen-Anhalt, 2019): Publikation für Opfer häuslicher und sexueller Gewalt. 3. Auflage. Online: https://mj.sachsen-anhalt.de/service/broschueren/ ausblick/ (22.05.2021).

MJ LSA (Ministerium für Justiz und Gleichstellung des Landes Sachsen-Anhalt, 2021): Zweiter interministerieller Opferschutzbericht der Landesregierung Sachsen-Anhalt. Unter: https://opferhilfe.sachsen-anhalt.de/fileadmin/ Bibliothek/Politik_und_Verwaltung/MJ/MJ/recht/opferschutzbericht-2.pdf (22.05.2021).

MS LSA (Ministerium für Arbeit und Soziales des Landes Sachsen-Anhalt, 2015): Landesaktionsplan „‘einfach machen‘ Unser Weg in eine inklusive Gesellschaft. Landesaktionsplan Sachsen-Anhalt zur Umsetzung des Übereinkommens der Vereinten Nationen über die Rechte von Menschen mit Behinderungen". Dokumentation Landtag Sachsen-Anhalt. DS 7/3157.

MS LSA (Ministerium für Arbeit, Soziales und Integration, 2019): Richtlinie über die Gewährung von Zuwendungen zur Förderung von Maßnahmen zur Umsetzung des Landesaktionsplans Sachsen-Anhalt zur Umsetzung des Übereinkommens der Vereinten Nationen über die Rechte von Menschen mit Behinderungen „einfach machen".

Nothhafft, Susanne 2009: Kinder sind keine Inseln, Zur Synchronisierung des Gewaltschutzes im Familiensystem, 7. Kinderschutzforum Köln, in: Die Kinderschutzzentren (Hrsg.): Die Jugend(hilfe) von heute, Helfen mit Risiko, Köln, S. 283–306.

Parallelbericht Ziffer 36 (2018): Parallelbericht mit dem Fokus auf Gewalt gegen Mädchen und Frauen mit Behinderungen zur „Beantwortung zu Ziffer 36 der Abschließenden Bemerkungen des Vertragsausschusses aus Sicht der Länder" bezugnehmend auf die Umsetzung des Abkommens über die Rechte von Menschen mit Behinderungen unter Art. 6 und Art. 16 in Deutschland - Bundesland Sachsen-Anhalt. Online: https://www.landesfrauenrat.de/images/files/paralellbericht_initiaitivgruppe_ziff._36_deutsch.pdf(22.05.2021).

PETZE (PETZE-Institut, o.J.): Ausstellungen & Projekte. Online: https://petze-kiel.de/ausstellungen/ (04.06.2021).

PKS (2021). Polizeiliche Kriminalstatistik Bundesrepublik Deutschland. Online: https://www.bka.de/DE/AktuelleInformationen/StatistikenLagebilder/PolizeilicheKriminalstatistik/pks_node.html (22.05.2021).

Polizei LSA (o. J.): Kriminalität und Prävention. Online: https://polizei.sachsen-anhalt.de/kriminalitaet-und-praevention/ (22.05.2021).

ProMann Halle (o.J.): Über ProMann. Online: http://promann-halle.dfv-lsa.de/ueber-promann/ (22.05.2021).

Rabe, Heike. (2015): Effektiver Schutz vor geschlechtsspezifischer Gewalt – auch in Flüchtlingsunterkünften, in: Policy Paper Nr. 32, Deutsches Institut für Menschenrechte (Hrsg.). Online: https://www.ssoar.info/ssoar/bitstream/handle/document/44425/ssoar-2015-rabe-Effektiver_Schutz_vor_geschlechtsspezifischer_.pdf?sequen-%20ce=1&isAllowed=y&lnkname=ssoar-2015-rabe-Effektiver_Schutz_vor_geschlechtsspezifischer_.pdf (22.05.2021).

Salgo, Ludwig 2013: Häusliche Gewalt und Kindeswohl – Möglichkeiten und Grenzen familiengerichtlicher und jugendhilferechtlicher Intervention. Online: http://dgtd.de/fileadmin/user_upload/issd/tagung_2013/nachlese/pdf/dgtd_bad-endorf_2013_vortrag_salgo.pdf (22.05.2021)

Schröttle, Monika; Hornberg, Claudia; Glammeier, Sandra; Sellach, Brigitte; Kavemann, Barbara; Puhe, Henry & Zinsmeister, Julia (2012): Lebenssituation und Belastungen von Frauen mit Beeinträchtigungen und Behinderungen in Deutschland. BMFSFJ (Hrsg.). Online: https://www.bmfsfj.de/resource/blob/94206/1d3b0c4c545bfb04e28c1378141db65a/lebenssituation-und-belastungenvon-frauen-mit-behinderungen-langfassung-ergebnisse-der-quantitativen-befragung-data.pdf (22.05.2021).

Stahl, Esther (2017): Gewaltpräventionskonzepte für die Arbeit mit Mädchen und Frauen mit Behinderungen. Merseburg: Hochschulverlag.

Statistisches Landesamt (2020): Statistischer Bericht. Bevölkerungsstand, natürliche Bevölkerungsbewegungen, Wanderungen. Bevölkerung der Gemeinden. Stand 30.06.2020.

TRASE (TRASE-Projekt, o.J.): Sexuelle Bildung für Menschen mit Behinderung. Online: https://www.traseproject.com (04.06.2021).

UN-Behindertenrechtskonvention (2006). Online: http://behindertenbeauftragte.de/SharedDocs/Publikationen/UN_Konvention_deutsch.pdf?__blob=publicationFile&v=2 (22.05.2021).

ZIF (Zentrale Informationsstelle Autonomer Frauenhäuser, 2019): Pressemitteilung zum Weltfrauentag, 8. März 2019.